▪ Morgane Ortin ▪

Amours solitaires

Franchir la nuit

■ Albin Michel

Je m'appelle Ilia. J'ai 31 ans.

J'ai traversé la foudre, le silence, la fin de l'amour. J'ai erré dans les méandres de la guérison, j'ai recollé certaines pièces qui s'étaient détachées de moi, et à force de me fuir, j'ai fini par me trouver.

Aujourd'hui, je vous ouvre mon journal intime.

CHAPITRE I

UNE AUTOROUTE SANS VILLE D'ARRIVÉE

JOURNAL INTIME

02 h 12. *Dans mon lit.*

37 jours de silence.

[Le lendemain]
17 h 34. *Dans mon lit, le plafond semble plus bas que d'habitude.*

38 jours de silence.

[Le lendemain]
19 h 45. *Toujours à la même place, faudrait que je pense à changer mes draps.*

39 jours de silence.

[Le lendemain]
03 h 16. *Lit, lit, lit, quoi d'autre que le lit.*

40 jours de silence.

Une faille en moi se creuse un peu plus chaque minute qui passe. Je ne sais plus quoi faire de tout ce silence. Je n'ai jamais appris. Je ne sais pas comment combler les vides. Les espaces. Les ruines. Les espérances. Les fantasmes. La colère. Je ne sais pas comment le faire en me taisant. Tout s'immisce dans ces fissures qui commencent à devenir béantes. Ce sont des appels d'air de douleur. De questionnements infinis. De doutes. Je fais tout pour ne pas m'y plonger, car j'ai peur de ce qu'il pourrait se passer si jamais je m'y aventurais trop près. On ne m'a jamais appris à arpenter ces falaises. J'essaie de parler. À mes amis. À moi-même. Pour que mon monde intérieur ne devienne pas complètement mutique. Pour que je ne sombre pas complètement dans la folie. Mais les vagues de questions sans réponses qui m'assomment sont trop grandes. Je ne peux pas les contrôler, les canaliser. Je bois la tasse, à défaut de me noyer. Pourtant, parfois, je crois que c'est sincèrement ce que je préférerais. J'ai tellement peur de devenir folle. Je n'arrive plus à m'endormir, terrifiée de perdre la raison pendant la nuit. J'ai peur que tout ce silence me confine dans un lieu d'où je ne pourrai jamais revenir. Je n'aurais jamais imaginé que le silence puisse causer tant de dégâts. Je le hais pour ça. Oui, je sais, on a décidé de laisser notre amour derrière nous. On s'est quittés. Mais je ne sais pas comment vivre dans un monde où les gens se comportent comme des morts alors qu'ils sont toujours vivants.

[Le lendemain]

16 h 48. *Rue du Commerce, après avoir renversé mon thé sur mes genoux et m'être brûlée.*

41 jours de silence.

Toujours aucun signe de vie. Aucune manifestation quelconque. J'ai tellement mal. Je relis en boucle nos derniers échanges, dans l'espoir de trouver une explication, un signe, quelque chose qui m'aurait échappé. Une réponse à ma détresse, une justification. Je les connais par cœur. Ils ne me délivrent plus rien. Il n'y a rien à en tirer. Alors je fais tout pour me changer les idées, me distraire, penser à autre chose. Pour sortir de cette prison mentale. Mais mon cerveau y revient toujours. Inlassablement. Je ne sais pas combien de temps cela va encore durer. C'est un labyrinthe sans issue. Parfois, j'imagine enfiler mes chaussures et me rendre devant chez lui. Sonner. Hurler à l'interphone. Le forcer à me parler. À communiquer. J'ai l'impression que je ne pourrais jamais me remettre de cette rupture si aucune de mes questions ne trouve de réponse. J'ai tellement peur du gouffre au bord duquel il me force à avancer.

[Le lendemain]

08 h 15. *Évidemment, je marche en chaussettes sur le sol mouillé de la salle de bains.*

42 jours de silence. Je me réveille la rage au ventre. J'ai envie de brûler ma maison. De brûler sa maison. Je ne supporte plus cette noyade dans le vide. Comment peut-il gérer la situation avec

tant de détachement ? Comment cela ne pourrait-il pas susciter ma détresse, ma violence ? Comment fait-il pour survivre en ne disant RIEN ?

08 h 17. *Plus de chaussettes propres.*

En me concentrant sur ma respiration, j'arrive à me calmer, à me raisonner. Mais quand la colère s'évapore, j'ai juste envie de lui envoyer un message. Pour lui raconter ma journée, lui dire la bêtise que je viens de faire, le livre que je viens de dénicher. Pour oublier que rien n'est plus à sa place. Surtout par moi.

[Le lendemain]

38 h 14. *Saint-Antoine du Faubourg, je ne sais plus où j'ai la tête.*

43 jours de silence. J'aimerais bien pouvoir parfois, juste un instant, lui partager ma réalité. Qu'il soit juste quelques minutes dans mes yeux, dans mon corps. J'aimerais lui montrer les choses qu'il abandonne et ce que ça déclenche chez moi. Je suis toujours en porte-à-faux face à ses fuites. Je n'ai aucune réponse. J'ai l'impression, parfois, qu'il me donne le lance-roquettes, chargé. Il pose mon doigt sur la gâchette et me dit : « si tu bouges, ça tire ». Alors je commence par retenir mon souffle. Je ne bouge pas, j'observe. Et lui, il est là, en face. Il me regarde avec ses grands yeux, sans prononcer un mot, et son regard me dit « bah vas-y, respire ». Je sais pas comment faire, j'ai le couteau sous la gorge. J'ai ce sentiment de ne pas avoir le choix quand il disparaît, quand il fuit en faisant le kamikaze. Il pose une bombe dans mon cœur, et si jamais je craque, c'est pas grave, ça explose. Mais c'est mon putain de cœur ! Pourquoi me fait-il ça ? Pourquoi nous fait-il ça ?

[Le lendemain]

12 h 45. *C'est la combientième fois, cette semaine, que je loupe mon arrêt de métro ?*

44 jours de silence. J'ai pris mon téléphone. J'ai ouvert notre conversation SMS. J'ai commencé à écrire quelque chose. Mais je n'ai pas pu.

J'ai relu encore une fois nos échanges. Et je m'aperçois à quel point on s'est séparés en ne se disant rien de l'essentiel.

Nous nous sommes simplement roulés dans nos peines, dans nos chagrins, dans de grands messages romantiques comme nous savons si bien les écrire, sans rien expliquer des raisons qui nous ont conduits ici. Sans rien avancer de rationnel, de constructif. À croire, encore une fois, que nous sommes spectateurs de cette rupture, que nous l'observons depuis le petit théâtre mélodramatique que nous avons construit, et que nous nous complaisons dans la peine, sans nous débattre, nous laissant engloutir. Tout ça me dégoûte.

[Le lendemain]

23 h 45. *Bus de nuit, que me veulent tous ces regards d'hommes ?*

45 jours de silence. C'est tellement banal, l'amour. Ou plutôt la fin de l'amour. On pense vivre quelque chose de différent, mais ça ne l'est pas. C'est juste banal.

[Le lendemain]

04 h 37. *Obligée d'écrire dans mes notes, il faudra que je pense à tout retranscrire dans mon journal (j'espère que je ne l'ai pas perdu d'ailleurs).*

46 jours de silence. Je redoute les répercussions, à long terme, que cette situation non réglée et passée sous silence va avoir sur moi. Je ne dors plus. Je ne mange plus. Je ne parle plus. Comment est-il possible de fuir une rupture à ce point ? Je me tords dans tous les sens, alors qu'en réalité, notre situation se résume assez simplement. Nous avons accidentellement assassiné notre amour. J'essaie, seule, de persévérer dans ce combat inégal. Je m'acharne sur le corps mourant de notre amour, pensant le maintenir en vie, alors même que je suis en train de l'achever de mes propres soins. Ses derniers souffles s'épuisent dans ma lutte. Je m'épuise dans ma lutte. Je deviens folle. Hors de contrôle. Erratique. À bout de souffle. Il n'y a rien à sauver.

[Deux semaines plus tard]

À Lewis

18 h 12

Dès la première nuit que l'on a passée ensemble, j'ai su que je m'embarquais dans une situation qui allait être compliquée. Pourtant, quand je me suis réveillée à tes côtés, aussi chaotique que fut cette nuit, j'ai su que je ne pourrais pas faire autrement. Je suis tombée amoureuse de toi très vite. Et cet amour m'a sauvée. Avec toi, j'ai recommencé à manger, je suis revenue dans mon corps, j'ai fait l'amour comme jamais je ne l'avais fait, j'ai peu dormi, j'ai vécu la vie à mille à l'heure, et tout ça m'a ramenée à la vie d'une manière très puissante. J'avais le courage et la force de tout surmonter. Je connaissais tes failles, tes instabilités, tes addictions, tes obsessions, aussi. Mais j'ai cru que l'amour que l'on vivait était tellement fort et guérisseur qu'il te soignerait de tout et qu'il serait donc possible, viable. Qu'avec cet amour en toi, toi non plus tu n'aurais plus peur de rien, pas même de guérir. Alors j'ai fait ce que je sais faire de mieux : j'ai mis beaucoup de choses importantes de côté pour t'apporter tout le confort mental, émotionnel et physique qui te permettrait de vivre une vie équilibrée. J'ai voulu te sauver. Parce que ce que je voyais au fond de toi me touchait à un point que j'ai du mal à expliquer. Puis, plus notre relation évoluait, plus je me rendais compte de mes propres failles, qui ressortaient. Ma peur de l'abandon, notamment. Les disputes se multipliaient. Elles se soldaient toujours par toi qui m'écrivais que, de toute façon, tu pouvais me ranger dans une boîte en un claquement de doigts et ne plus jamais l'ouvrir, me condamnant à l'oubli. Je lisais chaque fois tes messages comme des menaces d'abandon. Cette boîte, j'en ai rêvé des nuits et des nuits. Puis j'ai compris que c'était une manière pour toi de te protéger, aussi. Qu'on était juste tous les deux des êtres profondément blessés par la vie qui appuyaient sur les blessures de l'un et de l'autre. Ça me mettait pour autant à l'épreuve, comme si ça venait titiller tout ce qui n'était pas cicatrisé en moi. Petit à petit, le monde parfait que je pensais avoir construit s'effritait. J'ai essayé de te quitter. Mais c'était impossible pour moi d'abandonner tes bras. À ce moment précis, je m'en souviens très bien : j'étais allongée dans ton lit avec la sensation que, si jamais tu desserrais ton étreinte et que je me levais, je mourrais. Il y a peu de moments, je crois, où je me suis sentie aussi dépendante de quelqu'un.

Alors j'ai tout mis de côté une fois de plus, par amour, par dépendance.

Pourtant, réparer ce qui était brisé était impossible.

Te quitter m'a permis de retrouver de l'apaisement, du calme, loin de ces montagnes russes émotionnelles que je ne supportais plus.

Mais tu es tombé dans une impressionnante spirale d'autodestruction pendant que j'essayais de tenir le cap. C'était difficile d'être dans une position où je m'inquiétais pour toi en permanence. Je ne voulais pas être aspirée par tout ce chaos qui n'était pas le mien. Puis, on s'est revus. Et retrouver tes bras, ton corps, ton odeur, ton souffle, c'était comme retrouver ma maison. J'étais de nouveau absorbée dans un tunnel de dépendance qui me faisait tout oublier. On a réessayé, je crois, à ce moment-là. Refaire l'amour avec toi, c'était fou. Je ne me suis jamais autant sentie dans mon corps qu'avec toi en moi. Et c'est joli en même temps qu'effrayant. Ces quelques jours passés ensemble ont été très révélateurs. Pas seulement de tout ce qu'il s'était passé entre nous, mais surtout des effets que notre relation a sur moi. Je me suis mise dans des états dans lesquels personne n'est jamais arrivé à me mettre. Je ne veux pas être cette personne-là. Te revoir m'a montré que, même si quand on était ensemble, on prenait plaisir à redevenir des enfants, être un enfant à 30 ans passés, c'est pas si bien. Parce qu'une fois qu'on se retrouve seule, on n'a plus les armes des adultes pour rester debout sans avoir mal dans le fond du ventre.

Je n'ai plus envie de vivre une vie intense en émotions, qui me fait valdinguer dans tous les sens et qui vient ensuite panser les plaies par de grands messages romantiques qui font tout oublier. Je veux juste être en paix. Ces trois dernières années, j'ai trop souffert par intermittence. J'ai envie de me concentrer sur moi.

Je ne t'en veux pas, car je sais que tu n'as jamais eu de mauvaises intentions. Tu es juste quelqu'un qui a beaucoup souffert. Et les gens qui souffrent font souffrir les autres. C'est sûrement l'une des malformations de la vie.

Grandir sans famille et te développer tout seul ne pouvait pas te laisser indemne. Ça ne veut pas pour autant dire que je ne souffre pas.

J'ai besoin aujourd'hui de me remettre de cette relation. Besoin d'appréhender de nouveau le monde sans ces shots d'émotions fortes qu'on partage tous les deux et qui dérèglent tout en moi. Le problème, c'est que je ne sais pas comment partir en paix sans discussion claire et rationnelle à propos de notre fin. Ton indifférence, ta fuite et ton silence me semblent inhumains. Les dernières conversations que l'on a eues ne me suffisent pas.

Aujourd'hui, pour ma santé mentale, mais aussi pour la tienne, il est nécessaire d'apprendre à se laisser partir. Et ça ne pourra pas se passer sans une communication claire, saine et non alambiquée. Tu ne peux pas m'abreuver de messages de rupture dramatiques qui ne disent rien dans le fond puis disparaître de la sorte. Je ne suis pas calibrée pour ça. Personne ne l'est, je crois. Sans ça on va continuer à se faire du mal jusqu'à se détester. Et je n'en ai aucune envie.

JOURNAL INTIME

[Le lendemain]

17 h 23. *Musée Rodin : crois-moi, t'es pas le seul à penser.*

J'ai rassemblé toutes mes forces pour écrire un message, et je crois que je n'aurais pas pu faire plus. Ce sera sûrement mon dernier acte. Un acte de foi.

[Une semaine plus tard]

Lewis

21 h 02

C'est une fois que notre relation s'est finie que j'ai vraiment ressenti quelque chose. C'était de la tristesse pure, qui a commencé par de la rage, mais on a beau être le plus fort du monde, ça n'empêche pas de se faire piétiner le cœur. Face à ça, on est tous démunis. Je tenais à peine debout, les bras ballants, et j'ai pleuré, puis serré dans mes bras le petit garçon en sanglots, recroquevillé au fond de moi. Je n'ai rien pu t'écrire, rien pu te dire, ça n'empêche que je souffrais énormément. Que je souffre énormément. Quand je dis que je n'ai jamais été amoureux, je mens sûrement. Je me mens à moi-même. Il y a eu des centaines de moments magiques, pleins d'insouciance et de bonheur, beaucoup de tendresse, de rires, d'attentions. Tu me manques, je rêve de toi, je rêve que j'ai du mal à accepter que je t'aime, je rêve qu'on fasse l'amour sauvagement. Maintenant qu'on ne se verra plus, vais-je t'oublier petit à petit ? Et toi ? Seras-tu dégoûtée en me voyant à la fête d'un ami commun ? Est-ce que je te donne envie de vomir ? Et moi ? Que vais-je faire de tes dessins ? Les déchirer ? Jamais. Tes petits mots sont toujours dans mon portefeuille et mes affaires. Et toi ? Vas-tu brûler mon tableau ? Je pensais commencer à accepter de ne plus jamais te voir comme je te voyais, de ne plus jamais te prendre dans mes bras, de ne plus jamais t'embrasser. Mais non. Toujours pas. Je sais qu'avec plus de temps, ça passera sûrement. Je suis désolé de nous avoir laissés sombrer ainsi. J'aimerais dire que mes pagaies étaient défectueuses, mais la vérité, c'est que c'était moi qui nous ralentissais. Est-ce que tu m'en veux ? Je sais que ce fut égoïste de ma part de t'observer ramer de toutes tes forces pendant que je ne faisais que prétendre. J'ai eu peur de ce qui nous attendait de l'autre côté si nous arrivions trop vite à destination. J'ai eu peur de la fin de nous. J'ai eu peur de l'absence de toi.

Aujourd'hui tu es partie. On s'est dit au revoir pour de vrai, cette fois. Je le sens au plus profond de moi, tu as quitté mon corps, tu as refermé la porte et, maintenant, c'est fini. On a déjà tellement joué cette scène, mais cette fois, je sais que c'est la bonne.
Je ne peux plus penser à rien d'autre.

JOURNAL INTIME

[Le lendemain]

03 h 02. *Dans le taxi, j'ai encore maillé mes collants.*

Il m'a enfin écrit. Revoir son prénom sur mon écran, c'était presque un choc. Les premières secondes, ça a comblé un creux profond dans mon ventre. J'ai tellement attendu ce moment, pendant des semaines et des semaines, pensant qu'il serait le remède à tout. Et pourtant. Le soulagement ressenti dès les premières secondes s'est vite dissipé. Parce que mon besoin de sécurité est insatiable. Parce qu'il ne me dit pas les bonnes choses. Parce qu'il est encore dans une posture d'amoureux éconduit au cœur brisé qui contemple son propre chagrin plutôt qu'essayer de le comprendre et de réparer les dégâts causés. Et je ne supporte plus ça. Et pourtant, si je suis tout à fait honnête, la seule chose dont j'ai envie, c'est de lui répondre sur la même tonalité. Parce qu'écrire de très beaux messages désespérés dans lesquels je fantasme l'amour passé en lui donnant de plus beaux contours que ce qu'il ne pourrait jamais espérer, je sais le faire. Et je sais tellement bien le faire que c'en est réconfortant. C'est pathétique.

À Lewis

[Une semaine plus tard]

14 h 06

Chaque jour depuis notre silence, je m'ausculte, espérant trouver là ne serait-ce qu'une lumière qui aurait su résister à tes ombres. Je m'obsède à découvrir une partie de moi qui ne te connaîtrait pas, pour ne pas mourir encore ; un bout de moi, vierge de toi. Un refuge pour me glisser où ton regard ne se serait jamais écoulé. Et je cherche sans relâche en moi la faille qui pourrait témoigner d'une vie sans toi : une parcelle de ma chair que tes lèvres auraient oubliée, une odeur qui n'appellerait pas ton cou, un baiser qui n'aurait pas ton goût. Il ne me reste désormais qu'un blasphème, celui de désirer sans ton nom quand tout ressasse ta présence souveraine en moi. Je sais que c'est mieux ainsi. Ça n'en reste pas pour autant putain de moins douloureux.

00 h 49

Ce soir j'ai marché dans cette rue où tout a commencé. Ils ont retiré ce banc, où tu m'attendais assise pour notre premier rendez-vous. J'ai le sentiment que quelqu'un ou quelque chose s'acharne à faire disparaître le moindre souvenir de nous.

00 h 56

Moi je ne nous oublie pas.

JOURNAL INTIME

[Le lendemain]

11 h 23. *Allongée au sol sur le tapis, je mangerais bien une madeleine au chocolat. J'ai une pige à finir d'écrire mais la page reste blanche.*

Bon. J'ai craqué. J'ai honte de l'écrire, mais c'est comme ça. Ça m'a fait du bien. Ça m'a fait du mal. J'ai l'impression que ça me fait avancer, mais c'est faux. Je sais que ce n'est pas la solution. Et j'ai beau le savoir, mon corps et mon esprit me disent le contraire. Peut-être que j'aurais dû couper le lien, peut-être qu'il avait raison, plutôt que de m'envelopper dans toute cette mélancolie qui retarde juste le moment fatidique. Mais je m'en sens incapable. Je crois que je dois encore un peu retourner dans ce lieu de torture, fait de silence et de vide. Je ne sais pas comment le laisser tout à fait partir.

[Le lendemain]

09 h 12. *« Bonjour Madame Sophie, il pleut encore aujourd'hui, eh oui… Bonne journée ! »*

Saurai-je un jour traverser ces lieux si inhospitaliers sans trembler ?

CHAPITRE II

FAIRE CORPS AVEC LA MATIÈRE

JOURNAL INTIME

[Un mois plus tard]

15 h 13. *Chez ma mère. Confortable, ce nouveau canapé, mais bon, je l'aurais pas pris en bleu.*

Depuis que je suis arrivée chez ma mère pour les fêtes, ça ne va pas. Ça n'allait déjà pas vraiment avant, mais revenir dans ce lieu qui me rappelle l'enfant que je n'ai pas soigné et que je n'ai pas appris à aimer ouvre un peu plus encore mes plaies. J'ai parfois peur que le sang tache le sol. Ma douleur serait visible de tous. Qu'adviendrait-il alors ? Je m'imagine descendre du train, traverser le quai et laisser derrière moi les traces sanguinolentes de mon passage. Je marcherais la tête vissée et haute, le regard vers Notre-Dame de la Garde, au bout de l'allée, et je sentirais tout ce que je perds, tout ce que je laisse au sol, gisant. Je n'aurais pas besoin de regarder. Je traînerais ma valise à bout de bras, et les roues, sur leur passage, étireraient les gouttes de sang dans une longue traînée. Voilà le quai, écarlate. La seule couleur possible et acceptable dans le désert que je traverse. J'imagine les voyageurs, écœurés devant ce spectacle, accélérer le pas, évitant le pourpre qui envahit la gare. Je sais. Toute cette douleur révélée au grand jour est insupportable. C'est bien mieux, n'est-ce pas, qu'aucun couteau ne vienne rouvrir les plaies, et que le sang reste à sa place ?

Je ne sais plus qui je suis. Je ne connais pas cette femme de 31 ans avec qui j'ai passé ma vie, pas plus que l'enfant qu'elle était. Toutes deux me sont inconnues. Je suis un fantôme dans ma propre vie, une touriste qu'aucun paysage n'anime. Que contempler quand tout se dérobe ? Que reste-t-il à découvrir quand il n'y a plus rien à quoi s'accrocher ? Ne suis-je donc que ce puits sans fond de vulnérabilité ?

Ma mère m'aperçoit au dépose-minute. Je sais que ma simple vision lui donne envie de pleurer. Je dois absolument fermer la porte de la gare derrière moi pour qu'elle ne voie rien de mon sang laissé là. Je ne peux pas l'étaler dans la voiture et la maison familiales.

Je pose mes affaires dans la chambre. En m'allongeant sur le lit, je sens mon corps maigre, fébrile. Je ne sais plus ce qui l'anime. Je regarde ce lieu censé être rassurant, mais il n'y a plus aucun espace sur cette foutue Terre capable d'accueillir ma douleur. Les repas de Noël s'enchaînent. Je ne me sens chez moi nulle part. Encore moins dans mon corps, qui attend que le temps passe, qui ne prend plaisir dans aucune gourmandise, aucun sommeil, aucune accolade, tape affectueuse, moment d'allégresse ou d'ivresse. J'ai parfois l'impression de devoir lui demander pardon d'être encore en vie.

[Deux jours plus tard]

13 h 34. *Trop tard pour le marché, plus aucun stand, de toute façon c'est toujours trop tard.*

Aujourd'hui, nous sommes allées à la mer. Il y avait sur la plage cette nostalgie des lendemains de fêtes, celle de l'hiver qui commence à peine, et des familles qui rentrent tranquillement chez elles après cette comédie des grands dîners. Je suis assise sur le sable, parfaitement installée dans le désert dans lequel je vis depuis des mois. Je fais corps avec la matière. Mes doigts s'enfoncent et je sens les grains se coincer sous mes ongles. Parfois je me demande si je suis toujours vivante. Le soleil rase la mer, il ne semble pas gêné de son éclat, alors même qu'il fait très froid. Faut-il devenir un astre pour parvenir à trouver sa place sans s'en excuser ? Les familles s'agitent autour de nous. La nôtre est plutôt silencieuse. Le surplus de vie environnant m'enfonce un peu plus dans le sable, dont je me sens actuellement bien plus proche que de n'importe quel humain. Combien de temps cela prendrait-il pour que je me retrouve complètement ensevelie sans avoir besoin d'effectuer le moindre mouvement ? Parfois, ma mère essaie de meubler la conversation. Elle ne supporte pas le silence quand il s'installe trop longtemps. Moi, je ne supporte plus rien. Ni le silence, ni la parole, ni le bruit, ni les mouvements assourdissants de mon monde intérieur. Je regarde la mer. Je ne peux faire que ça.

Je me lève alors, j'enlève mon manteau : « Je vais aller me baigner. » C'est incroyable de reprendre le contrôle, tout à coup. Mon ton est si solennel que ma mère n'ose pas exprimer ce qui frétille sur ses lèvres : qu'il fait froid, que nous sommes en plein hiver, que je n'ai pas de maillot, qu'il y a du monde et que je risque de tomber malade. Si elle ne dit rien, c'est qu'elle semble soulagée que j'initie quelque chose, et qu'elle pourrait accepter et comprendre n'importe quelle action de ma part, dès lors que je me mets enfin en mouvement. Cette baignade, c'est pour elle une sortie de la mort, une sortie du sable, un retour bref dans la lumière, dans l'altitude. Je retire mes vêtements, l'un après l'autre, sans la regarder. Je suis face à la mer. Je fais face au soleil. Je ne suis pas un astre, mais je lui tiens tête. Je ne sais pas quelle est ma place dans ce monde, mais je ne recule pas. Je ne porte plus que ma culotte. Je ne veux pas voir le regard de ma mère sur mon corps amaigri. Alors j'avance, sans aucun mouvement d'hésitation. Mes jambes sont entièrement immergées, puis mon ventre, et mes épaules. Mon corps entier est anesthésié, et c'est peut-être ce dont j'avais le plus besoin sans le savoir, à ce moment-là. Ne plus rien sentir. Orienter toutes mes facultés vers un seul but : surmonter l'endolorissement physique. Il y a peu de différence de température entre l'air et la mer. Je reste quelques minutes comme ça, en suspens. Puis je sors. Rapidement. Je cours presque pour rejoindre la plage. Une larme coule sur le visage de ma mère. Je fais mine de ne rien voir.

Maman

[Le lendemain]

11 h 10

Tu as réussi à dormir à peu près correctement ? Tu sais, je voulais te dire quelque chose que j'ai du mal à formuler à haute voix. Je sais que tu traverses un moment extrêmement difficile. Je partage ta douleur, car je l'ai connue, moi aussi. Ce sentiment que tout s'effondre et que la vie perd de sa saveur. Pourtant il faut continuer d'avancer en regardant toutes les jolies choses autour de soi, profiter de ses amis, de cette liberté nouvelle pour faire ce dont on a vraiment envie. Et un jour, tu retrouveras cette petite flamme dans les yeux, dans le cœur. Si je te dis tout ça, c'est parce que si je n'avais pas vécu la même chose, tu ne serais peut-être pas là ! Dans la vie, à toute chose, malheur est bon. Courage ma fille, tu sais que tu peux compter sur moi, sur tes sœurs et sur tes formidables capacités. Tu es belle, douée, ambitieuse, alors fonce, tu ne le regretteras pas. Je serai là pour te relever chaque fois que ce sera nécessaire. J'aimerais juste que tu me parles plus pour que je puisse t'aider, mais je ne veux pas te forcer. C'est dur de te voir si mal et si silencieuse. Et de me sentir impuissante. Je t'aime.

14 h 03

Merci d'être là. J'ai du mal à parler pour l'instant, mais ça viendra. Je t'aime.

JOURNAL INTIME

[Trois jours plus tard]

16 h 16. *Dans le train, comme si tout défilait sauf ma vie.*

Le train avance à toute vitesse, et j'écris pour faire passer le temps plus vite encore. J'écris ce fichu article que je n'arrive pas à finir. J'écris dans ce journal. Je mets des mots les uns à la suite des autres de manière frénétique ici et là comme si ça faisait avancer la vie plus vite. Depuis que je suis assise sur mon siège, je ne fais que pleurer. C'est pire encore maintenant que le paysage défile. Un inconnu a déposé sur ma tablette un paquet de mouchoirs. J'essaie de ne pas l'utiliser, car j'aimerais le conserver. Je pourrai bientôt, comme ça, ouvrir un mausolée de tous ces mouchoirs tendus par des inconnus auxquels je n'ai jamais touché.

[Une semaine plus tard]

15 h 17. *Parc à chiens, sans chien.*

J'ai quitté le foyer familial depuis quelques jours maintenant. De retour à mon enfer citadin où je dois expérimenter une vie dans laquelle tout est fragilisé, moi la première. J'ai enfin rendu mon article. Seule bonne nouvelle de la semaine. J'ai une sensation d'amputation que je ne comprends pas. J'étais pourtant un être entier avant de le rencontrer. J'erre dans la ville en ne parvenant pas à m'adapter au rythme des autres. Je n'ai pas envie de travailler. Pas envie de rester dans mon lit. Pas envie de me balader, non plus. Pas envie de dîner. Pas envie de faire la fête. Je passe devant les terrasses de café et je ne supporte pas la vue des couples. Je dîne avec mes amies et leurs histoires d'amour me donnent envie de pleurer. Chaque personne autour de moi devient un miroir de ce que je ne suis pas. Pourquoi est-ce que je me sens aussi seule ? Je suis pourtant très entourée. J'ai mes amies. J'ai ma mère, aussi. Alors pourquoi ce vide abyssal de solitude en moi ? Comment le combler ?

J'ai beaucoup pensé à mon père cette semaine. Je l'ai appelé hier. Sans réponse. Je lui ai laissé un message vocal dans lequel je n'ai pas pu retenir mes larmes. En même temps, à quoi est-ce que je m'attendais ? Qu'il me réconforte à mes 30 ans, alors qu'il ne l'a pas même fait quand j'étais enfant ?

[Quatre jours plus tard]

13 h 34. *Parfois, j'aimerais juste prendre un café avec mes collègues, mais j'aime pas le café et j'ai pas de collègues.*

Toujours aucune nouvelle de mon père. C'est drôle, car je m'étais toujours dit que le jour où je le solliciterais vraiment, il serait là. Cette conviction que j'avais échafaudée était importante pour mon équilibre. Nécessaire, même. Elle l'excusait. Lui donnait du répit. Mais aujourd'hui, je comprends que non. Il n'est pas là. Quand j'ai besoin de lui, quand je n'ai pas besoin de lui, c'est la même chose : il n'est pas là. Et je crois que j'ai mal de m'être montrée aussi vulnérable face à son silence.

[Trois jours plus tard]

20 h 12. *Chambre de Samia. Qu'est-ce qu'il a l'air bien, ce bureau, pour écrire.*

J'ai passé les trois derniers jours sur le canapé de Samia, à l'observer vivre. J'ai du retard dans mes articles mais je me sens incapable de quoi que ce soit. Je ne m'étais jamais connue comme ça. Un être dépourvu de vie qui s'enfonce dans un canapé. J'aimerais que le tissu m'absorbe. L'observer se mouvoir dans la pièce m'apaise. Je n'ai pas besoin de penser à moi. Je la regarde juste s'activer et vivre sa vie, et ça me fait un peu oublier la mienne. J'ai compris qu'en attendant que le temps passe, comme il semblerait que ce soit le seul qui puisse véritablement m'aider, il faut simplement que je m'occupe l'esprit, pour faire taire les pensées qui m'empoisonnent. Quand je pense à tout ce temps perdu, paralysée par mon chagrin, j'en ai la nausée.

[Quatre jours plus tard]

17 h 12. *Est-ce que « romantique », ça a un rapport avec la Rome antique ?*

J'ai l'impression d'avoir 5 ans de nouveau. Mon besoin de sécurité est si immense qu'il déborde de toutes parts. Je fais mon possible pour m'accrocher, mais je sens que tout pourrait s'effondrer en quelques secondes si jamais je relâchais ma concentration. Heureusement, mes amies sont là. Samia surtout. Hier, je la regardais dresser la table avec ses grandes mains de pianiste. Elle bat l'air avec une douceur que j'ai rarement vue ailleurs. Elle est apaisée ; pourtant, dès que son regard se pose sur moi, je sens son inquiétude. Elle me scrute pour trouver quelque chose qui pourrait la rassurer sur mon état. Je sais qu'elle sait ce que je traverse. Parce qu'elle l'a elle-même traversé. Elle a battu le chemin avant mon arrivée.

[Deux jours plus tard]

16 h 32. *Dans ma cuisine, silencieuse, à part le ronronnement du frigo.*

Ces derniers jours, je suis restée chez Samia. J'ai du mal à être seule à la maison. On a beaucoup lu, écouté des podcasts, fait quelques balades, cuisiné. Travaillé aussi, un peu. Hier soir, dans le lit, on a eu une conversation qui m'a fait beaucoup de bien et qui m'a permis de dormir avec sérénité, pour la première fois depuis longtemps. Je crois que la retranscrire ici est une bonne idée, pour que je puisse y revenir chaque fois que j'en aurai besoin. Elle m'a expliqué avec tout le calme du monde que j'avais le droit d'avoir peur et d'avoir des pensées qui me semblent terrifiantes. Qu'il ne faut pas que je les interdise, car je risque de les renforcer. Le tout est de les accepter et les laisser passer. On a parlé de l'importance de la respiration. Que ça doit être mon ancre. Une main sur le cœur, l'autre sur le ventre, fermer les yeux pour sentir mes poumons se gonfler, et compter les respirations. Après tout, c'est moi qui décide. J'ai le droit d'être submergée de chagrin, de prendre les vagues. Il ne faut pas que je me tue à résister à tout prix. Elle m'a répété qu'elle ne me laisserait jamais me noyer, que j'avais le droit de prendre mon temps. Honnêtement, je ne sais pas ce que je ferais sans elle.

Samia

[Le lendemain]

11 h 15

Je repense à notre conversation d'hier. Te sens-tu comme « engloutie » ?

C'est fou, tu viens de trouver le mot précis qui me manquait. Tu crois que c'est « normal » de ressentir cela ?

Je ne sais pas si c'est « normal », mais je crois que c'est explicable. Les ruptures, à nos âges, viennent toucher des blessures qu'on n'a pas pris le temps de soigner enfant et adolescent, et ça les ravive. Tu devrais peut-être te demander ce que cette douleur réveille en toi. Si ça fait écho à d'autres douleurs, dans ton histoire familiale, notamment, que tu aurais pu vivre par le passé et que tu as mises sous le tapis. C'est en la soignant en profondeur que tu tireras quelque chose de cette douleur.

Tu as déjà ressenti cela, toi aussi, n'est-ce pas ?

Oui, lors de ma dernière rupture. Cela m'a pris du temps pour arriver à poser un mot dessus.

C'est fou qu'on vive des choses différentes et qu'on se retrouve à l'âge adulte avec des blessures similaires.

Ça nous offre un miroir pour les comprendre et les soigner.

JOURNAL INTIME

[Une semaine plus tard]
10 h 34. *À la fenêtre, je reconnais plus le facteur.*

Je m'occupe. J'essaie de ne pas trop rester seule. Je dors mal, mais je mange de nouveau. Tellement de choses traversent mon cerveau à toute allure tout au long de la journée. Je trouve ça très étrange qu'on devienne peu à peu des inconnus l'un pour l'autre. C'est comme s'il y avait quelque chose dans l'équation que je ne saisissais pas : on fait entrer quelqu'un dans notre vie, on partage ensemble la plus grande intimité, on lui donne beaucoup de nous, si ce n'est pas tout, puis quand on décide que c'est fini, tout disparaît, et la personne devient un étranger du jour au lendemain. C'est étrange, cette gymnastique. C'est presque contre nature. C'est trop de don de soi, de risques à prendre, pour un résultat proche de l'abandon du jour au lendemain. Et je crois que ce constat pourrait sérieusement me fermer à toute nouvelle histoire. J'essaie d'investir plus d'énergie dans mes relations amicales, car celles-ci sont moins risquées, plus pérennes, plus sécurisantes. Pourtant, même s'il s'agit sans l'ombre d'un doute d'un meilleur investissement, j'ai le sentiment que cela ne suffirait pas à combler le vide abyssal que je ressens sans amour romantique.

Parfois, j'aimerais un manuel pour me dire précisément quoi faire, et comment, pour sortir le plus vite possible la tête de l'eau.

Mais pour ça, j'ai l'impression qu'il me faut vivre encore quelques chagrins.

[Trois jours plus tard]

12 h 56. *Fête foraine, stand de tir. Est-ce qu'avec 2 euros je peux me faire tirer dessus ?*

Rien ne m'apaise. Ni sortir. Ni travailler. Ni écrire. Ni respirer. Trois pas en avant, deux pas en arrière.

À Lewis
[Le soir même]

21 h 23

J'aurais aimé que ce soir soit l'un de ces moments
où il n'y avait que nous deux dans notre monde.

Quand on espérait au fond de nous que tout
était possible, alors que rien ne l'était.

Bonne nuit.

00 h 00

Ton cœur aussi est brisé ?

00 h 10

Oui, j'ai le cœur en miettes.

À Lewis

[Quatre jours après]

15 h 20

Je ne voulais pas t'écrire de nouveau. Mais je n'y arrive pas. Il y a des choses qui s'alignent en moi, des pensées qui se rangent, qui cherchent un peu d'apaisement et parviennent, par endroits, à en trouver. Derrière la déception, la colère, le sentiment d'anéantissement des dernières semaines, j'ai l'impression d'apprendre à pas de géants, avec violence et fracas. Je connecte entre elles des parties de moi que je ne connaissais pas jusque-là. Et c'est effrayant autant que c'est beau. Le chemin commence seulement, et ce serait mentir de dire que je ne suis pas terrifiée. J'essaie tant de trouver de la clarté dans tout ce chagrin, de la pertinence dans l'arrachement de mon cœur. Je fais tout pour ne pas le regarder gisant au sol. Je n'y arrivais pas les jours d'avant. Aujourd'hui, je suis arrivée à détourner le regard. Pour combien de temps, je ne sais pas. J'ai l'impression qu'il faut tout réapprendre, que je dois me focaliser sur le peu de pensées qui ne sont pas liées à toi et qui ne me font pas souffrir. Une poignée. Tu as infusé l'ensemble de mon quotidien. Et ça me fait sourire autant que pleurer de ne m'en apercevoir que maintenant. C'est étrange, la vie. Ça faisait longtemps que je ne m'étais pas sentie aussi proche de toi. J'ai besoin de me retrouver, au-delà de la douleur que ce dénouement m'a infligé. J'ai besoin de me réconcilier avec ma colère, ma déception, mon amertume, aussi. De comprendre ce qu'elles ont envie de me dire. Les réponses me semblent si lointaines et proches à la fois. Tu me sembles si lointain et proche à la fois.

19 h 40

Je ne sais pas trop ce qui m'est arrivé. À un moment j'ai dû me perdre dans le triangle des déceptions amoureuses près des Bermudes et ne jamais en revenir entier. À un moment, un boulon a dû sauter dans mon cœur. Le mécanisme marche plus très bien depuis. J'ai l'impression d'être un rescapé de la seconde guerre mondiale, d'avoir laissé une partie de moi sur le champ de bataille. Et j'arrive pas à savoir quelle putain de partie. C'est dingue. C'est dingue comme c'est difficile de se dire adieu lorsque tout ce que l'on veut faire c'est s'aimer.

Maman

[Trois jours plus tard]

10 h 10

Comment tu vas ma chérie ?
Est-ce que tu manges un peu ?

11 h 10

Ça va un peu mieux oui, ne t'inquiète pas. Je mange des petites choses qui me font envie. Des œufs, des bananes, du chocolat. J'écris aussi beaucoup, ça me fait du bien. Je voulais te poser une question. Quand vous vous êtes séparés avec papa, j'avais pas loin de 2 ans, je sais que je n'ai jamais passé trop de temps avec lui, mais est-ce qu'il manifestait tout de même l'envie de me voir, au moins au début ? Ou est-ce qu'il est parti sans même se retourner ?

11 h 30

Tu sais, ton père était très jeune à l'époque. Tout juste 23 ans. Je crois qu'il ne se rendait pas bien compte de sa responsabilité en tant que père, il était beaucoup dans la fuite. On pourrait s'appeler pour en parler, si tu en ressens le besoin.

12 h 40

Oui, ça viendra peut-être. Je pense beaucoup à lui depuis quelque temps. Je lui ai passé un coup de fil la dernière fois, mais il ne m'a jamais rappelée. Ça m'a perturbée. Je me sens un peu bête. Cela me fait prendre conscience qu'il n'a jamais vraiment été là.

13 h 20

Ne te sens pas bête de t'être montrée vulnérable. Tu peux en être fière, au contraire. C'est surtout dommage pour lui de passer à côté, car tu es une jeune femme extrêmement précieuse. Il faut regarder devant toi. Ton père t'a « fabriquée » au sens génétique ; moi, j'ai fait de mon mieux pour construire les fondations de la femme forte, aventureuse et confiante que tu es devenue. On ne choisit pas ses parents. Tu as toute la vie devant toi pour construire ta famille comme tu la conçois.

CHAPITRE III

LE TRIANGLE DES DÉCEPTIONS AMOUREUSES

JOURNAL INTIME

[Trois semaines après]

19 h 19. *J'espère qu'il pense à moi, parce que moi, non.*

J'ai commencé une thérapie, après en avoir pas mal discuté avec Samia. Je ne sais pas trop quoi en dire pour le moment. Simplement que je sais que ça risque de prendre un peu de temps et que ça ne va pas toujours être une partie de plaisir. La situation avec Lewis est inextricable, stagnante, et je sens bien qu'on ne se dit pas les bonnes choses, et que sans aide extérieure, je vais rester empêtrée trop longtemps dans ce marasme. J'ai beaucoup pleuré en parlant de mon père durant la première séance. Je ne pensais pas que ça me touchait autant. Reste à savoir comment fermer ces cicatrices, les plus vieilles comme les plus récentes. C'est ça, vieillir ? Devenir une armure de cicatrices ?

[Le lendemain]

13 h 12. *Comprendra qui pourra.*

Aujourd'hui, c'était long. C'était difficile à traverser. Toujours le même combat de ne pas devoir lui écrire, et la lutte intérieure qui en découle. Comme si lire ses mots était la seule chose qui pouvait m'apporter un peu d'apaisement. J'ai le sentiment de tout devoir reprendre à zéro. Je suis éreintée, comme si j'avais besoin de rentrer chez moi, mais que je ne trouvais plus ma maison. J'ai erré toute la journée aux côtés de Samia pour m'occuper. Comme je suis incapable de prendre une quelconque décision pour moi-même, je l'ai suivie sans rien dire, le regard éteint, dans toutes ses activités. Arrivées dans un garage de location de voitures dans lequel elle devait ramener un véhicule, je me suis assise en retrait, au fond de la pièce, pendant qu'elle s'affairait au comptoir auprès d'une secrétaire, élevant par moments un peu la voix. Au mur, j'ai vu une affiche accrochée.

« Tarifs abandon »

J'ai fondu en larmes.

[Une semaine après]

11 h 45. *Pharmacie, interminable file d'attente. Y a-t-il quelqu'un qui ne soit pas malade dans cette foutue ville ?*

La thérapie avance. Lentement, mais sûrement. Pas à pas. Bizarrement, on parle peu de ce qu'il se passe en ce moment dans ma vie. On parle plutôt de mon enfance, de ma famille. Je vois bien les liens que mon psy essaie de créer, mais je suis un peu en résistance. Je me prête tout de même au jeu. On a parlé hier de la nécessité de récupérer mes affaires et de remettre les siennes à Lewis. Pour offrir une clôture matérielle à cette rupture. Une rupture « efficiente », comme il le dit. Il m'a conseillé de passer par une tierce personne, ne me sentant pas encore assez solide pour une entrevue. J'y réfléchis.

À Lewis

[Une semaine après]

09 h 51

Coucou, j'espère que tu vas bien. Je crois que le moment où il faudrait nous rendre nos affaires est venu.

10 h 25

Tu veux passer en fin de journée ?

16 h 20

Je suis envahie d'une tristesse infinie alors que ce n'est qu'un échange de sacs et de valises… Peut-être parce que, bientôt, on n'aura plus aucune raison de se voir.

18 h 00

T'inquiète pas, tu récupéreras tes vêtements un par un, s'il le faut.

02 h 34

La maison est aussi vide que mon cœur sans toi.

02 h 35

Tu sais pas à quel point j'ai mal.

JOURNAL INTIME

[Le lendemain]

03 h 14. *Taxi. Pourvu qu'il me regarde pas dans le rétroviseur, merde, il m'a regardée, et en plus il a de beaux yeux.*

J'ai échoué. J'y suis allée. Je ne me voyais pas faire autrement. Voilà, tout est fini. Je ne sais pas comment m'en réjouir ou me sentir apaisée quand je n'ai strictement aucune idée de ce qui va arriver par la suite. Je ne supporte pas l'inconnu. Je ne veux que ce que je connais déjà, même si c'est ce qui m'a détruit.

Je suis réveillée chaque matin par des cauchemars affreux, et même s'il est tôt, j'ai peur de me rendormir. J'ai lu quelque part que les cauchemars permettaient de nettoyer l'inconscient. Je crois que le mien a besoin d'un sacré ménage.

[Trois jours après]

10 h 10. *En dissociation devant le frigo.*

Il se passe quelque chose d'étrange en moi : je ne reconnais plus mon corps. Il est vrai que j'ai perdu beaucoup de poids, et je n'arrive pas à m'y acclimater. Manger reste extrêmement difficile. Le matin, dans un demi-sommeil, il m'arrive de toucher mon ventre, juste pour me persuader qu'il s'agit bien de ma peau. C'est comme si je devais me réapprendre. L'idée même de me masturber me dégoûte. L'impression que mon corps ne m'appartient plus. Comment faire pour me le réapproprier ? Pourquoi suis-je privée de lui ?

[Cinq jours après]

01 h 12. *Au café, en terrasse, dans le froid.*

Je ne sais plus trop comment on fait pour ne plus être amoureuse.

Avant, je savais. Sans doute le temps qui érode, efface. J'ai peur de ce temps-là.

[Trois semaines plus tard]

17 h 34. *Quel nom de merde, Zazie, pour une artiste.*

Ces derniers jours, j'ai une envie grandissante, enfin, je ne sais pas si c'est une envie ou un besoin : aller me réfugier dans d'autres bras. Je ne supporte plus d'être autant confrontée à moi-même, j'ai juste envie d'aller me confondre en quelqu'un d'autre, dans un lit qui n'est pas le mien. J'ai envie de m'oublier. De me sentir aimée. Sauter de relation en relation pour éviter de penser à moi-même et à mon propre chagrin. Je sens bien qu'il se passe des choses en moi depuis ces dernières semaines, j'ai l'impression de déverrouiller des accès que je n'aurais jamais pu atteindre sans cette douleur et cette solitude. Mais le prix à payer est trop cher. Je veux juste plonger en quelqu'un d'autre pour m'oublier un temps, poser des jolis pansements sur mes plaies béantes. Je ne parviens à trouver de la légèreté nulle part. Serai-je à jamais cet être sombre, dont toute la lumière a été aspirée ?

À Samia

[Le lendemain]

18 h 34

Une question me taraude. Tu crois que
c'est une bonne idée que je voie quelqu'un d'autre ?
Tu crois que je suis prête ?

20 h 00

J'aurais tendance à te dire d'éviter. Tu as besoin d'un moment seule pour te reconstruire, sans rien projeter sur quelqu'un d'autre. Il ne s'agit pas là de mettre un pansement sur ta blessure, mais d'aller la soigner en profondeur, en continuant ta thérapie, en t'appuyant sur nous, tes amies, sur ta famille. Puis, passer une seule nuit avec quelqu'un, c'est quelque chose que tu ne sais pas vraiment faire, si je ne m'abuse.

20 h 40

Toi, tu avais réussi au bout de combien de temps ?

20 h 52

J'ai perdu beaucoup de temps à tenter de trouver un remplacement. Je me suis infligé de nouvelles blessures. D'ailleurs, certaines me font encore mal. On se voit ce soir ?

20 h 53

J'arrive.

JOURNAL INTIME

[Trois jours plus tard]

11 h 13. *Ceci dit*, Zazie dans le métro, *c'était un bon livre.*

C'était dur, ce soir. J'ai passé la soirée avec les filles, mais je n'arrivais pas à ÊTRE AVEC ELLES. Comme si elles étaient à la surface d'une rive que je ne parvenais pas à atteindre. Ça m'a complètement fermée. En rentrant, on s'est un peu baladées avec Samia. Elle s'est beaucoup confiée, et j'étais heureuse qu'elle le fasse.

[Le lendemain]

00 h 12. *Je ne connais plus le chemin de ma maison.*

Y a-t-il une fin à ce pont, à cette route, une conclusion à ce voyage ? À toutes ces lumières qui défilent, à mon visage qui se froisse sans que tu le remarques, aux coins de mes yeux qui te remercient pour ces danses qui m'ont abîmée ?

CHAPITRE IV

PRESQUE

JOURNAL INTIME

[Deux mois plus tard]

20 h 00. *Dans le métro pour aller au restaurant, en retard.*

Depuis quelques jours, je sens que ma période de stricte hibernation est sur le point de prendre fin. Je ne sais pas trop de quoi je suis capable ni de quoi j'ai envie, mais cela dépasse mon canapé et celui de mes amies. Je rends de nouveau mes articles à temps, et j'ai presque retrouvé mon cynisme d'antan. Difficile de croire que je pleurais dans mon lit tous les soirs il y a quelques semaines seulement. Parfois, je marche dans la rue et je pleure encore, sans avoir aucune idée de ce qui a déclenché ces larmes. Mais ça s'arrête vite. C'est simplement que le chagrin est toujours là, tapi dans l'ombre, et qu'il ne veut pas être oublié trop vite. Moi non plus je ne veux pas être oubliée trop vite.

Le printemps est de retour. La nature reprend vie. Et j'aimerais qu'elle me donne le droit de renaître aussi.

Je n'ai toujours pas eu de nouvelles de mon père. J'ai essayé de lui écrire, mais je n'y suis pas arrivée. En thérapie, je continue à explorer les souvenirs d'enfance dans lesquels il apparaît. L'avantage c'est que, comme il y en a peu, ils sont plutôt faciles à retrouver.

[Une semaine plus tard]

17 h 12. *À la maison.*

Je n'ai jamais traversé un tel désert. De longs mois sans toucher la peau de quelqu'un. J'ai l'impression que plus jamais je ne tomberai amoureuse, que c'est une comédie que je connais par cœur, et que la vie la réserve désormais à ceux qui n'en auraient pas encore fait le tour, qui n'en connaîtraient même pas le début, et qui auraient cette fraîcheur-là, je veux dire, cette fraîcheur de n'avoir aucune idée de la fin. Une façon de réunir sur le côté tous les cyniques et désillusionnés, qui continuent à jouer sans y croire.

Après tout, je ne vais pas m'en plaindre : cet ascétisme sentimental, il est certain, m'évitera bien des souffrances. Et en même temps, c'est comme s'il me maintenait les deux pieds empêtrés dans mon chagrin. Comme si, tant qu'il n'y aura personne d'autre, mon cœur ne pourra se détacher de mon amour précédent. Je me demande souvent si la vie est un bal dans lequel chaque partenaire se remplace. Dans lequel chaque nouvel être aimé nous détache du précédent. Les chaises musicales de la comédie humaine en somme.

Mais je ne peux pas y penser trop longtemps. Sinon je me demande, lui, à quel point il a réussi à se détacher, et ça, ça déchire mon cœur depuis peu rafistolé.

[Une semaine plus tard]

02 h 12. *Insomnie, je n'aime plus mes draps.*

Ce qui me manque le plus, je crois, c'est d'avoir quelqu'un à qui écrire. Cette nuit, j'ai eu le malheur de relire nos échanges. On était si jeunes, si insouciants, si romantiques. Parfois, je me dis que nos messages ont plus construit notre relation que notre vie réelle. Ils ont dessiné tout un imaginaire fantasmatique qui reste le plus difficile pour moi à quitter.

À Lamine

02 h 12

Je viens d'arriver chez moi. C'était vraiment une agréable surprise de te recroiser. Je viens de vérifier sur Internet, et effectivement, aucun avion ne possède de rangée 13 par superstition. Bonne nuit si tu n'as pas encore fermé les yeux.

02 h 30

C'est beau la superstition, admettre qu'il y a des puissances à l'œuvre qui nous dépassent et devant lesquelles il faut parfois savoir se montrer modeste, s'incliner. Les ménager, ne pas les attiser, ne pas les provoquer, les respecter.

Cela vaut bien un numéro fantôme dans nos rangées ou une chambre en moins dans nos hôtels. Plutôt que de troubler le sommeil de nos ogres, de nos diables.

Passe une belle nuit.

JOURNAL INTIME

[Le lendemain]

10 h 12. *Gueule de bois dans mon lit, j'aime mes draps.*

Hier soir, j'ai recroisé par hasard Lamine, un garçon que j'avais bien aimé il y a quelques années, mais qui avait quitté Paris. Je suis descendue aux toilettes pour me refaire une beauté, je riais beaucoup, puis, quand je suis remontée, le bar s'était tout à coup empli, la musique était plus forte, quelques vaillants commençaient à prendre d'assaut le petit espace entre le comptoir et l'escalier pour danser. Je me suis faufilée jusqu'au bar pour commander des shots et, au moment où j'en portais un à ma bouche, dans une euphorie qui m'était devenue étrangère, il a passé commande à côté de moi. Nous avons passé 3 heures ensemble à ce comptoir, qui semblaient s'être écoulées en 20 minutes. Je me suis sentie belle de nouveau. Pour la première fois depuis un long moment, en marchant pour rentrer chez moi, j'étais guillerette, légère, enivrée. Je me suis longuement regardée dans le miroir en arrivant. Ça faisait longtemps que ça ne m'était pas arrivé. Le message qu'il m'a envoyé au moment où je me suis glissée dans mon lit était très beau. Je l'ai relu plusieurs fois. Ça m'a fait une petite pointe au cœur.

Ça m'a rappelé les siens.

À Lamine

[Le lendemain]

10 h 04

Je me réveille avec une angine qui semble s'être bien installée durant la nuit. Comme si j'avais été punie de parler à haute voix des superstitions qui doivent rester silencieuses.

16 h 45

Ça doit être joli à écouter.

17 h 11

17 h 12

Ça donne envie d'en entendre davantage.

17 h 14

Ne m'encourage pas trop, je suis inarrêtable ensuite.

17 h 15

J'ai craint pires représailles.

Lamine

[Le lendemain]

10 h 00

J'ai encore envie de vous entendre me raconter des choses, toi et ta voix cassée.

Il faut que je sois rapide alors, car mon angine est en train de passer.

Tu devrais donc m'envoyer une note vocale sans trop tarder.

Je me demande ce que je vais te raconter. Sûrement des choses peu importantes que tu oublieras vite.

Les choses importantes, tu les gardes pour quoi ?

Pour l'écrit.

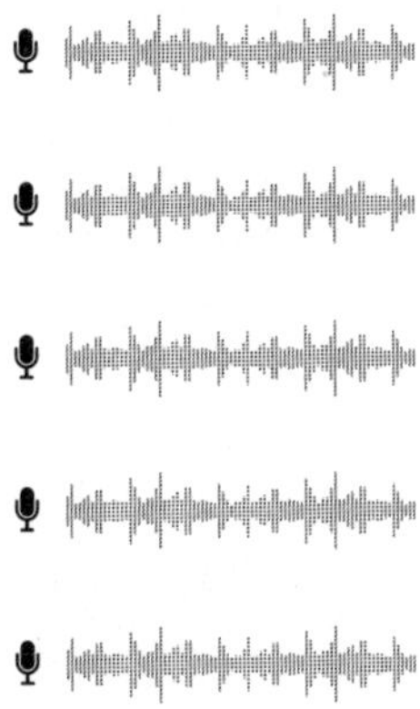

Lamine

[Le lendemain]

23 h 45

Bonsoir, je voulais te dire que je suis en train de rentrer chez moi et que j'écoute l'album dont tu m'as parlé la dernière fois.

Est-ce que ça te plaît ?

Oui, mais ça me serre beaucoup le cœur aussi. C'est normal ?

Je crois. Ce disque me fait le même effet.

Il faut accueillir cette sensation alors, j'imagine.

Je pense, oui. Est-ce douloureux ?

Je crois que c'est une douleur qui fait du bien. Tu comprends ?

Oui, très bien. Bientôt je t'enverrai des morceaux qui font du bien uniquement.

Ça existe ?

Je crois. Mais ça paraît plus ennuyeux.

C'est vrai. C'est dommage que ce soit vrai.

JOURNAL INTIME

[Le lendemain]

13 h 14. *Dans la cuisine, musique à fond. La voisine ne devrait pas tarder à toquer, pourtant c'est la journée.*

Avoir quelqu'un à qui réécrire des messages, je dois bien avouer que ça me redonne pas mal de souffle. Comme si la vie m'avait enlevé du banc de touche pour me faire repasser sur le terrain, mais dans un rôle secondaire, le temps d'évaluer si je suis prête à retourner dans le grand bain. J'ai eu des nouvelles commandes pour des articles. Ça aussi ça me redonne du souffle.

Cette nouvelle fenêtre de conversation, c'est un peu comme un univers parallèle : dedans, mon chagrin n'existe pas. Pourtant, je me demande s'il y a un moment où je vais avoir envie d'aborder ce sujet avec lui. Passer complètement sous silence ce moment difficile de ma vie est assez agréable, parce que ça me permet d'être une version de moi que j'aimerais retrouver, mais il est délicat d'éviter totalement le sujet.

J'ai mangé, aujourd'hui. C'était bien.

Lamine
[Trois jours plus tard]

11 h 12

J'ai pensé à toi ce matin, au réveil. Comment vas-tu ?

Tu veux la vraie ou la fausse réponse ?

La vraie.

Pas très bien, pour être honnête. On n'a pas eu trop l'occasion de s'en parler jusqu'à présent, mais je sors d'une rupture assez douloureuse et j'ai encore parfois un pied dedans.

Est-ce que tu arrives à le sortir de temps en temps ?

De plus en plus, mais il lui arrive encore un peu de traîner derrière.

Je suis désolé de lire que tu en souffres. Bientôt tu pourras courir, j'en suis persuadé.

Je ne sais pas si ça peut te rassurer, mais je suis dans une situation sentimentale un peu compliquée également, alors je ne peux que compatir.

On monte un comité de soutien ?

Oui, comment on procède ?

Je ne sais pas, j'imagine que l'on pourrait apprendre ensemble.

Tu veux me raconter un peu ce qu'il se passe de ton côté ?

Pourquoi pas, oui. Tu sais, je suis toujours avec Noa, ça fait un moment maintenant. Depuis quelque temps, notre couple a évolué. Nous avons décidé de rester ensemble, mais d'une manière différente.

Le couple, c'est quelque chose qu'on a beaucoup remis en question ces dernières années, comme une structure de plus en plus aliénante. Mais je n'arrive pas à savoir si ouvrir notre relation ne fait pas que retarder la rupture.

Comment en êtes-vous arrivés là ?

Jusque-là, je n'avais jamais cohabité avec la personne qui partageait ma vie. Tous les deux, on était assez conscients du fait qu'on s'aimait, qu'on voulait essayer d'être ensemble, mais que le modèle hétéro normatif patriarcal, sans avoir la prétention de révolutionner tout ça en quelques mois bien sûr, ne nous convenait pas totalement. Disons qu'on s'entendait tellement bien qu'on s'est dit qu'on pouvait peut-être essayer de vivre ensemble. On a cherché un appartement, puis on a emménagé. Ça n'a pas du tout marché. Au bout de sept mois, on s'est dit qu'il fallait de nouveau vivre chacun de son côté. On a commencé à en parler, et c'est devenu un sujet assez vivant. Au début, ça a été un peu dur, mais ça nous a fait beaucoup de bien. Au bout d'un an, l'inertie du duo, de l'exclusivité, a pris de plus en plus de place.

Tu l'expliques comment ?

C'était surtout la faute à cette pensée, que je trouve destructrice, selon laquelle on peut placer tous ses démons, toutes ses angoisses, toutes ses attentes en une seule personne qui serait chargée de satisfaire nos besoins. Ça faisait déjà quelque temps qu'on se questionnait sur tout ça, qu'on se sentait érodés par quelque chose qu'on met trop souvent sur le compte du temps, alors que dans notre cas, c'était plutôt un problème d'ordre structurel. On s'est demandé comment on pouvait faire autrement.

Qu'avez-vous mis en place alors ?

Maintenant, on n'habite plus ensemble, et on se permet d'avoir des relations sexuelles avec d'autres personnes. L'enjeu, c'est de savoir si on se le dit ou non, et comment on se le dit. En tout cas, on en parle de manière bienveillante, chaleureuse, c'est la première fois que j'y parviens, et c'est extrêmement agréable de vouloir le bien de l'autre en dehors de soi-même. J'ai de plus en plus l'impression que c'est un délire assez narcissique de penser qu'on peut tout apporter à une personne. Noa, elle, va un peu plus loin que moi et pense qu'on pourrait faire de l'espace pour pouvoir aimer plusieurs personnes en même temps. Ce que je trouve très beau, très logique aussi, mais il y a un travail de déconstruction à faire, et ça prend du temps.

C'est une expérience qui est géniale, bien que tumultueuse, et qui nous fait souvent, ces derniers temps, frôler la rupture. En revanche, je sais que même si on se sépare demain, on aura vécu ça ensemble, et ça nous fera avancer. On ne repartira pas à zéro avec le suivant, la suivante, quoi qu'il arrive après, on aura énormément grandi.

C'est super intéressant, même si je ne sais pas si j'en serais capable.

Je me suis pas mal questionnée ces derniers temps sur cette notion d'amour non exclusif. En théorie, je trouve que c'est une magnifique idée, mais je me demande aussi si ce n'est pas la porte ouverte au libéralisme amoureux ou au capitalisme des sentiments. Comme si on cherchait à maximiser son plaisir personnel en piochant un peu partout ce qui nous comblerait, en faisant son marché. C'est grossièrement dit, mais tu comprends l'idée.

Je comprends ce que tu veux dire, et en même temps, capitalisme et liberté, c'est pas vraiment la même chose. Accepter de se déposséder de la personne que l'on aime, de renoncer à toute idée de possession, c'est d'ailleurs même l'inverse du capitalisme, tu ne crois pas ?

Dans mes relations exclusives, personne ne m'a jamais possédée et je n'ai jamais possédé personne. Je ne crois pas que ce soit lié à l'ouverture de la relation, mais plutôt à un état d'esprit.

Dans le mille. Et toi, veux-tu me raconter tes tumultes amoureux ?

Rupture amoureuse très compliquée qui est venue réveiller beaucoup de choses en moi, et qui en a déclenché d'autres (prises de décision, grandes conversations, mises au point), dans un contexte politique qui me pousse à réfléchir plus en profondeur à la vie que j'ai envie de mener et la manière dont j'ai envie de relationner. C'est une période de transition qui, pour ma part, me demande beaucoup d'adaptation et de force mentale pour déterrer toutes ces choses que j'avais ensevelies.

Je ne comprends que très bien. Sens-tu ton cœur suffisamment accroché ?

Depuis quelques semaines, il commence.

Lamine
[Le lendemain]

23 h 30

Qu'est-ce que tu fais en ce moment même ?

Je suis en train de marcher.

Tu veux que je t'envoie de la musique à écouter ?

Oui.

Tu l'écoutes aussi ?

Oui, je l'ai lancée en même temps dans mon lit. Et toi, tu es arrivée dans le tien ?

Presque. Et je compte la réécouter une fois dedans.

Dis-moi quand tu y es.

J'y suis. La lumière est rose.

Ici les draps sont blancs. Et j'aime bien m'y endormir très tard.

Qu'est-ce que tu fais la nuit quand tu ne dors pas ?

J'écoute de la musique, j'en fais, je regarde des films, je me laisse aspirer par les bêtises d'Internet. Ça me donne l'impression de grignoter du temps supplémentaire sur la journée, de ne pas la laisser se terminer.

(Je tire la couette sur mes jambes.)

(Tu baisses la lumière ?)

(Oui, dans quelques secondes il n'y aura plus que ma petite lampe de chevet.)

(J'éteins la lumière. Je monte le son.)

(Je fais tout comme toi, à distance : sortir des parenthèses,
y entrer, éteindre la lumière, monter le volume sonore,
dévorer la nuit.)

Bonne nuit

Bonne nuit

Lamine

[Le lendemain]

00 h 01

Qu'est-ce que tu aimerais écouter, là, maintenant ?

Ce qu'on a envie d'écouter un dimanche soir dans son lit, les yeux fermés.

J'ai ce qu'il faut pour toi.

Tu es le genre de personne qui a des playlists dédiées aux moments d'amour ?

Ça m'est déjà arrivé. Et toi ?

Non, je n'en ai pas.

Peut-être qu'on perd cette habitude avec son/sa partenaire de longue date ?

Tu crois que c'est une question de durée ?

Je ne sais pas. Je crois que j'associe ce genre de choses aux mises en scène fougueuses et passionnées des premières fois. Je ressens plus de complicité profonde et de connexion avec mes partenaires de longue durée, et plus de frissons et de désirs passionnés avec mes partenaires occasionnelles. Et l'idée de choisir un certain type de musique correspond plus à la seconde situation il me semble.

Je comprends. C'est intéressant comme point de vue. Je crois que j'ai du mal à me prononcer dessus, car je n'ai eu qu'un seul partenaire occasionnel. Autrement, c'était plutôt des amours platoniques, si ce n'était des amours de longue durée.

Ah oui ? Tu n'aimes pas faire l'amour avec des personnes avec qui tu n'es pas en couple ? Je veux dire : tu as besoin d'être en couple pour te laisser aller ?

C'est complexe. La seule fois où ça m'est arrivé, c'était génial. Mais le reste du temps, j'ai vraiment besoin d'avoir une intimité très forte avec quelqu'un pour faire l'amour avec. J'ai un désir exigeant, complexe et fragile. Le reste du temps, j'ai juste envie de flirter, de séduire, d'embrasser. C'est assez rare que je ressente du désir brut pour quelqu'un. Il m'est beaucoup plus arrivé d'avoir des amours passagers sans passer par la case du rapport sexuel.

C'est passionnant, je trouve, cette diversité de nos rapports à l'autre et au sexe. Moi, je crois que j'ai une grande facilité à désirer. Je trouve que c'est un rapport à l'autre qui est merveilleux. Comme un remède aux conventions, au langage, à tous ces codes épuisants qui nous barrent le chemin vers le langage des corps.

Parfois, je me demande si ça ne vient pas de tous les livres que j'ai lus. D'autres fois, si c'est lié au fait que j'ai été socialisée comme une fille et que l'on m'a appris à sacraliser ce moment d'intimité partagée.

J'ai vraiment l'impression que ça revient à donner quelque chose de moi qui est extrêmement précieux. Je ne peux pas le faire à la légère.

Je pensais un peu comme toi, avant, mais je ne vois plus de corrélation entre rareté et valeur. Au contraire, plus je me permets de faire l'amour, plus cet acte prend de la valeur. Quand je rencontre quelqu'un qui m'intéresse et me plaît, la plus grande valeur intime que l'on peut créer à deux, à mon sens, c'est faire l'amour. Ne plus se mettre cette pression, ce barda d'attentes et de balises, ne plus en faire le début ou la fin de quelque chose, juste un moyen de se rencontrer qui va au-delà de nos petits codes sociaux un peu grotesques, quelque chose de direct et de suspendu. Mais bien sûr je comprends tout à fait que le désir est différent chez chacun d'entre nous, et qu'il peut évoluer pour une même personne. Un jour, je ressentirai peut-être cette complexité dont tu parles. Il n'y a pas à lutter contre ses désirs.

Oui, chez moi, le désir est un petit être très complexe, comme une toile d'araignée.

C'est très beau, l'équilibrisme du désir.

Et n'oublions pas que les toiles d'araignée sont exceptionnellement robustes.

JOURNAL INTIME

[Trois jours après]

22 h 12. *Dans les toilettes du restaurant.*

Parfois, je pleure la nuit. Parfois je me réveille et je me sens bien, comme s'il n'y avait plus de béton coulé au fond de mon ventre et de mon cœur. Comme si une intuition légère, mais à deux doigts de devenir puissante, me disait que j'allais bientôt retrouver l'apaisement. Il n'y a pas vraiment de constantes, ça part un peu dans tous les sens, mais je sens que des choses bougent en moi. Les cauchemars se font plus rares. Mon alimentation est toujours irrégulière, mais je retrouve, par moments, un peu de gourmandise, comme si me nourrir n'était enfin plus qu'un moyen de survie, et redevenait un plaisir. Et le plaisir, je crois que j'en retrouve.

Avant-hier, j'ai rêvé que je faisais l'amour. Ça faisait des mois que ça ne m'était plus arrivé. Je me suis réveillée avec la main dans ma culotte et les doigts mouillés. Je l'ai enlevée dès que je m'en suis rendu compte. C'est fou, cette pudeur qui s'est installée en moi. Il n'en reste pas moins que ça m'a fait sourire d'être presque arrivée à me retrouver.

[Le lendemain]

17 h 46. *Face à mon ordi où j'écris – c'est un comble – un article sur la plasticité du cerveau après une rupture.*

Je relis ce que j'ai écrit hier et je bute sur ce mot : « presque ». Si un mot devait résumer ma situation, ce serait sûrement celui-ci. Je vais « presque » bien. C'est « presque » derrière moi. Je n'ai « presque » plus de rechutes. J'ai « presque » retrouvé la force nécessaire pour lutter contre cette vase mortifère dans laquelle je m'enlise depuis des mois. J'ai « presque » envie de faire l'amour de nouveau. Je sais « presque » qui je suis devenue.

Parce que oui, ça, je n'arrive pas trop encore à y penser, mais il est certain que je suis en train de changer, et en profondeur. La personne que j'étais ne sera plus jamais la même, et je ne sais pas si je suis vraiment prête à la laisser partir. Pas plus que si celle que je suis en train de devenir me plaît vraiment. Je crois qu'elle me fait un peu peur. Il va falloir que je prenne le temps de la rencontrer, mais je ne me sens pas encore prête.

[Le lendemain]

16 h 16. *J'aimerais être (sur) une île.*

Si je suis tout à fait honnête, je crois que discuter avec Lamine depuis quelques jours n'est pas totalement étranger à cette évolution positive. Ça me fait du bien. C'est peut-être simplement chimique, après tout, comme si ça venait titiller la case sérotonine de mon cerveau, qui était éteinte depuis des mois. Tout mon mécanisme un peu rouillé se réactive, et je retrouve de la familiarité et du réconfort dans ces sensations oubliées, que je ne connais pourtant que trop bien. Je me réapproprie le plaisir d'écrire, d'attendre une réponse, de la recevoir, de formuler de jolies choses, d'en lire également. Je sens que c'est un anesthésiant puissant à ma douleur, même si son effet est temporaire. Pourtant, je sais que les réponses doivent venir de moi, et rien que de moi. Pour éviter un autre schéma de dépendance affective que l'on a clairement identifié en thérapie.

Mais après tout, personne n'est une île, non ?

[Le lendemain]

12 h 12. *Salle d'attente du médecin. Les gens ne se regardent plus.*

Il y a quelque chose que j'ai oublié de noter concernant Lamine, et qui m'interroge pas mal en ce moment. Je lui ai enfin parlé de mon chagrin d'amour. Et il en a fait de même. Étant tous les deux dans une période sentimentale compliquée, je crois qu'on se comprend assez. On arrive à échanger dessus, à en parler, et le lire me fait relativiser sur ce que je traverse. Mais je la trouve tout de même assez étrange, cette séduction qui s'installe timidement au milieu d'échanges sur nos traumatismes amoureux, nos blessures et insécurités. C'est une séduction que je ne connaissais pas jusque-là, qui se fraie un chemin au creux de nos vulnérabilités.

Jusqu'à présent, je réservais ces conversations très intimes, fragiles et profondes, au terrain amical, et je laissais au terrain de la séduction les faux-semblants, l'assurance feinte et les vies idéalisées, lisses, sans accroc. Pourtant, ne serait-ce pas plus sain que de rencontrer l'autre en se montrant transparent, pour que chacun sache d'emblée quelles zones sont sensibles et méritent plus d'attention ? Ça ne serait pas ça, dans le fond, de vraiment rencontrer quelqu'un ?

Et en même temps, est-ce que ces gouffres ouverts, habituellement secrets, ne rendraient pas le début d'une histoire un peu trop lourd, alors que c'est le moment où l'on a envie de légèreté ? Il y a aussi le risque de se transformer en psy ou en patient·e, au lieu d'être l'amant·e ou l'amoureu·x·se.

C'est peut-être ça l'amour, en début de trentaine. Ne plus pouvoir faire semblant que tout est léger et sans conséquence. On a envie d'aimer, mais on est abîmés, donc on tente le jeu, on ouvre nos bagages pour ne pas leurrer l'autre. On les pose au sol et on se dit : tu as vu tout ce qu'il y a dedans ? Tu veux quand même venir ?

Maman

[Le lendemain]

16 h 14

Ma fille, je t'avais dit que j'allais t'écrire une lettre. Cent fois j'ai essayé, cent fois j'ai recommencé. J'étais coincée sur une image : moi, nue devant la glace de la salle de bains de la rue Baudrimont. Je me caresse le ventre et je te parle. Tu bouges. Je vois de petites bosses sur mon ventre. Il y a tant d'autres souvenirs qui font battre mon cœur. Demain sera l'un de ceux-là. Après-demain aussi. Après-après-après-demain aussi. Parce que ta vie va être merveilleuse, je n'en ai aucun doute. Je suis tellement heureuse de voir que tu remontes la pente. Je le sens même à distance. Je t'aime de toute mon âme. Ta maman

Moi aussi j'aimerais t'écrire une lettre maman.
Je le ferai peut-être demain. Ou après-demain.
Ou après-après-demain. Rien ne presse,
puisque notre vie sera longue.
Je t'aime.

À Lewis

[Quatre jours plus tard]

07 h 10

Je me targue tellement d'avoir une bonne mémoire. Je déteste quand elle me fait défaut. Je déteste voir à quel point le temps a pu me dérober ton image et ton toucher. Le grand ensemble est là. Mais il y a ces petits détails qui me seraient revenus en mémoire sans hésiter, comme certains de tes grains de beauté, par exemple, qui m'échappent désormais.

Alors il ne restera de toi qu'un nom, des images un peu floues, quelques photos, quelques objets et quelques messages. Des milliers de fragments de souvenirs.

Tu me manques.

Lamine
[Le lendemain]

19 h 45

Tu veux qu'on écoute de la musique ensemble à distance ?

À Lewis

[Quatre jours après]

23 h 45

J'ai du mal dans ma vie, parce que chaque coup me rappelle ton absence. J'ai du mal quand tu me réécris, parce que je lutte tellement pour tout reconstruire sans toi. J'ai du mal, parce que je suis une maison en ruines. T'es encore partout dans les lieux où tu es passé, t'es comme un bout de présent qu'on a laissé au passé, et quand mon téléphone s'allume avec ton prénom dessus, y'a plus rien qui tient.

Samia

[Le jour même]

23 h 49

Tu es bien rentrée ? Tu avais une petite mine ce soir. Je suis là si tu veux qu'on s'écrive un peu.

J'ai beaucoup de chance de t'avoir.

C'est juste que j'ai reçu un message de Lewis il y a quelques jours et ça a fait remonter beaucoup de choses. Comme si ça avait réactivé toutes mes angoisses. Je me rends compte que la coupure de contact est vraiment nécessaire à ce stade, même si ça me semblait insurmontable il y a quelque temps. Parce que chaque fois qu'il me réécrit, j'ai de nouveau l'illusion que je ne pourrais pas survivre s'il arrêtait.

Oui je crois qu'il est important de passer par une étape de sevrage total pour guérir en profondeur. Ce qui ne veut pas dire que vous ne vous parlerez plus de toute la vie, mais le temps d'aller mieux, de soigner vos codépendances et de vous reconstruire sainement.

Combien de temps encore il va falloir attendre pour que tout ça soit définitivement derrière ?

Tu sais, il y a un moment où ce sera derrière, ça c'est sûr, mais je ne veux pas que tu te méprennes sur quelque chose : tu vivras toujours avec une part de cette histoire en toi. Ce genre de moments, d'épreuves, d'histoire, de tristesse, ça change une personne, ça ne disparaît pas totalement, ni du jour au lendemain, ni sur le long terme. Mais on apprend à vivre avec, ça prend moins de place au fur et à mesure, comme un linge qui rétrécit à la machine, et ça nous fait de moins en moins souffrir. Mais ce sera toujours là d'une certaine manière.

J'ai tellement besoin que ça prenne moins de place pour accueillir de nouvelles choses. Là il n'y a pas grand-chose de plus qui pourrait entrer en moi, je me sens émotionnellement saturée de toute part.

De 0 à 10, tu dirais actuellement que ça prend combien de place dans ton cœur ?

Je suis passée de 10 à 7.

C'est déjà un énorme pas de fait. Et tu sais, tu as le droit de demander de l'aide, de le formuler, de l'espérer.

De le demander à qui ?

À qui tu voudras. Je sais que tu n'es pas croyante, mais tu peux le demander au ciel, à l'univers, à toi-même, à la terre, au soleil, à ce que tu voudras, à ce en quoi tu crois. Juste le formuler, c'est déjà quelque chose de puissant, c'est un appel, une manifestation à ce qui pourrait bien être en passe de se réaliser.

C'est comme une prière en réalité ?

Oui, je crois qu'on n'a pas besoin d'être religieux pour prier.

JOURNAL INTIME

[Le lendemain]

10 h 16. *Face à mon journal, à défaut d'être face à moi-même.*

Je pense aux plaies béantes de mon cœur qui chantent à tue-tête
quand tout ce que je demande est un peu de silence
au cœur de la cacophonie de mes douleurs
je ne sais pas à qui écrire
je ne sais pas qui m'entend
qui m'écoute
mes ancêtres femmes
l'univers
le soleil
la mer qui depuis enfant
me voit m'immerger
pourriez-vous m'aider
à panser ce qui saigne
à rétrécir l'étendue des dégâts
à faire de la place pour la suite
tel un paysage qui reprend vie après l'incendie
et voit disparaître les cendres qui l'avaient recouvert
est-ce que quelqu'un m'entend d'où je suis ?

À Lamine

[Cinq jours plus tard]

22 h 34

Pardon pour le retard de réponse. Je n'ai toujours pas de solution pour le comité de soutien, plus rien à écouter non plus, mais je tiens à te signaler que tu étais dans mon rêve la nuit dernière.

Tu veux me le raconter ?

Nous étions sur le point de faire l'amour dans un grand château en plein milieu d'une fête bondée, mais ça ne s'est pas fait. Je me souviens avoir dansé jusqu'à en avoir mal aux pieds.

Pourquoi ça ne s'est pas fait ? À cause de cette envie pressante de danser ?

Je crois qu'il y avait du monde dans ta chambre, qu'on était sous les draps, mais que ça ne suffisait pas pour être isolés. Alors je suis allée danser. C'était quelque chose comme ça.

Je crois aussi que ça nous amusait assez de résister.

Je comprends nos doubles rêvés.

Ils ont bien fait, tu penses ?

Ils aiment sûrement savourer l'envie, le désir qui monte.

Ils ont compris que, dans le désir partiellement insatisfait, il y avait quelque chose de durable.

Peut-être, oui. Ou peut-être explorent-ils simplement leur désir l'un pour l'autre et se laissent porter par cette sensation.

Tu me le diras, si jamais ça t'arrive aussi en rêve.

Maintenant que tu en as parlé, je peux te dire que c'est déjà le cas.

Raconte-moi.

J'ai rêvé, une fois au moins, que nous avions rendez-vous toi et moi, que nous parlions et nous regardions beaucoup. C'est assez flou, mais j'ai un souvenir tenace d'une sensation physique forte et douce à la fois, de nous deux, d'avoir gardé ce goût pendant un moment assez longtemps, comme si ça s'était réellement produit.

Tu avais envie de me l'écrire au réveil ?

Oui.

Et après c'était fini ?

Non.

Avons-nous aussi été interrompus ?

Non.

J'ai quelques images en tête, certaines sensations, aussi.
Elles m'ont accompagné pendant quelques jours.

J'ai envie de te poser d'autres questions.

Fais-le.

Je me demande comment étaient les sensations, les gestes, les intentions.

Les sensations étaient tendres et puissantes, comme si nous en avions envie depuis longtemps, que cette pensée qui nous avait déjà traversé l'esprit se concrétisait enfin, pour la première fois. C'était un feu d'artifice de désir.

A-t-il explosé à plusieurs reprises ?

Je ne crois pas. Mais les rêves et leurs souvenirs sont vite commandés par notre volonté inconsciente de les transformer, c'est une matière vivante, constamment en mouvement.

Oui, j'aime bien imaginer que tu l'as réinterprété pour me l'écrire.

J'ai toujours senti que nous partagerions un moment comme cela, un jour ou l'autre, je ne sais pas trop pourquoi.
Un sentiment.

Moi aussi. C'était latent, je crois.
C'est satisfaisant de se l'écrire enfin.

Oui, c'est flottant comme dans un rêve.

Tu aimes bien ce qui ne peut exister ?

On a parfois des souvenirs plus puissants de ce qui ne s'est pas produit.

Ou pas encore produit.

Lamine

[Le lendemain]

23 h 45

Qu'est-ce que tu fais ?

Je suis dans mon lit. J'aimerais bien rêver de toi de nouveau.

Ce soir, peut-être. Qui sait ?

J'aimerais que ce soit plutôt juste avant mon réveil, c'est mon moment préféré pour rêver. Les sensations sont plus intactes, à ce moment-là.

Plus fortes également. Je les ai gardées avec moi pendant plusieurs minutes, la dernière fois. Sur mon corps. Comme des stigmates.

J'aurais adoré que tu m'écrives à cet instant.

C'est presque difficile d'admettre que ce qui arrive dans un rêve « n'arrive pas ». Je crois que ça arrive juste ailleurs. Mais c'est arrivé.

Certains rêves ont quelque chose de particulier dans l'empreinte qu'ils laissent. Car le corps est en action malgré le sommeil. J'ai déjà eu des orgasmes en dormant. Ou alors sur le point d'en avoir. Comme en équilibre sur un fil.

La connexion des deux mondes à son paroxysme.

Si seulement on pouvait télécommander les rêves, je t'en orchestrerais un à distance.

J'aime toucher, saisir, parcourir. Pourras-tu y mettre ces ingrédients ?

Oui. Mais, après un moment, cela deviendrait plus compliqué. Si c'est un rêve, autant te faire faire des choses inhabituelles.

Pourquoi ça deviendrait plus compliqué ?

Peut-être que tu ne seras plus en capacité de faire tout ce que tu souhaites. Juste pour que tu aies plus envie encore de le faire.

J'ai chaud.

Je ne connais plus mon prénom.

Je connais juste le tien.

J'ai l'impression que l'on arrive précisément là où les mots ne peuvent aller plus loin.

Ils ont pourtant plus de ressources que tu ne le penses.

JOURNAL INTIME

[Le lendemain matin]

07 h 18. *Canapé, pour fuir mon lit.*

Réveil à 6 heures pour m'extirper d'un horrible cauchemar : je croise mon père dans la rue qui tient la main d'une femme et, de l'autre, fait avancer une poussette. La femme me ressemble étrangement. La petite fille dans la poussette également. Mon père ne me reconnaît pas. On se croise, il me regarde dans les yeux l'espace d'une seconde, et poursuit son chemin. Il n'a aucune idée de qui je suis. Je ne suis pas en mesure de l'appeler ni de lui parler. Aucun son ne sort de ma bouche. Quand je me retourne pour le voir une dernière fois, la femme a disparu et a été remplacée par Lewis. Je trébuche et, quand je relève le regard pour m'excuser auprès de la personne que j'ai percutée, je me rends compte que c'est Lamine.

JOURNAL INTIME

19 h 17. *Chez Samia. Radio à fond ; nous deux, silencieuses.*

Je me lève. Je bois une tisane. J'enfile un pantalon. Je balade mon chien. J'écris. Je médite. J'écoute un podcast. Je mange un fruit. Je vais acheter des amandes au chocolat noir. Je coupe mon téléphone le plus possible. Je travaille. Je fais des exercices de respiration. Mon psy m'a dit que la sérénité allait revenir grâce à des rituels qui procurent la sensation d'être en sécurité, par la familiarité de la répétition. Voici donc mes journées. Je les traverse comme un robot, j'applique à la lettre ce qui maintient ma santé mentale à flot. J'y trouve tout de même des moments de légèreté. De plus en plus. Hier soir, je suis allée danser. Je suis rentrée tard, j'ai trébuché. Je sens que je dois faire attention avec l'alcool, car cela perturbe mon équilibre émotionnel, et je crois de plus en plus que tout ceci est une affaire de chimie intérieure. Je continue à discuter avec Lamine, et ça m'aide à me reconnecter à mon corps, petit à petit. Le simple fait d'avoir des conversations qui éveillent mon désir me permet de reconsidérer mon corps comme une source de désir et de plaisir, et non seulement comme le véhicule d'un trajet que j'avais perdu l'envie de faire.

J'ai de plus en plus envie de le voir. Quelque chose en lui m'attire irrémédiablement, pourtant je ne me sens pas du tout prête à me replonger dans une relation. En même temps, je ne me vois pas avoir une relation purement et simplement sexuelle avec lui. Et bizarrement, je crois que je ressens aussi de la culpabilité vis-à-vis de Lewis. Comme s'il s'agissait d'une forme d'infidélité de ma part. Je ne sais pas comment couper le fil de loyauté qui me lie encore à lui.

C'est fou, car je n'aurais jamais pensé être confrontée à ces problématiques à 31 ans. Plus jeune, je m'imaginais mariée à cet âge-là, avec un enfant, dans une stabilité émotionnelle complète. Le pouvoir du conditionnement, c'est assez effrayant. J'ai beau me répéter que c'est complètement stupide de se sentir en échec parce que célibataire à mon âge, que notre génération est différente de celle de nos parents, il n'empêche que ça continue de me faire paniquer, par moments. Parce que j'ai grandi toute ma vie avec le schéma canonique du couple qui devrait être atteint à la trentaine pour construire, dans la foulée, une vie de famille. Parce que l'horloge interne. Parce que les cases à cocher. Je ne sais même pas si j'ai envie d'avoir un enfant et, pourtant, je me sens en échec. Comme si mon statut de célibataire m'isolait de la société. Comme s'il m'amputait.

[Le lendemain]

22 h 12. *Au sortir de la douche. Masque sur le visage, masque sur les cheveux, aucun masque social.*

J'ai passé une merveilleuse journée aujourd'hui. J'ai un sentiment d'euphorie qui ne m'a pas lâchée. C'est la première fois depuis la rupture que j'arrive à écouter de nouveau de la musique sans que ça me foudroie. Je l'ai mise à fond. Dans l'appartement, dans le métro, dans la rue, dans le taxi, dans le hall d'immeuble. C'est comme si je laissais de nouveau la vie me pénétrer.
J'ai traversé la journée et la nuit en virevoltant. Je suis rentrée très tard. J'ai dormi d'un sommeil de plomb, sans aucun cauchemar. J'ai chanté. Ça faisait des mois que je ne l'avais pas fait.

Parfois, ça peut être aussi simple que ça.

22 h 56.

(Je veux dire, aussi simple que des montagnes russes qui ne font que descendre et monter en boucle à toute vitesse, sans ceinture attachée.)

[Deux jours après]

20 h 00. *Mon kiné vient de me suivre sur Insta. Il va maintenant savoir qu'en plus d'avoir un dos tout cassé, j'ai le cerveau en miettes.*

C'est fou à quel point la thérapie fait remonter des choses en moi et me place de plus en plus en spectatrice de mes réactions, faits et gestes. Habituellement, lorsque je commence une relation amoureuse, je plonge tout de suite dans la fusion. J'ai besoin d'échanger en permanence avec la personne, de la voir le plus souvent possible, de partager avec elle tout ce qu'il est possible de partager, dans une quête effrénée de lien. Avec Lamine, c'est différent. J'espace nos conversations. Je veille à ne pas foncer tête baissée dedans. Je ne sais pas si c'est de la prudence ou si je suis partiellement anesthésiée. C'est peut-être aussi lié à la configuration qui est tout à fait insolite pour moi : Lamine est dans une relation ouverte, ce qui met tout de suite des limites. Je fais tout pour ne développer aucune dépendance. Je ne veux plus jouer à ce jeu-là. On en sort toujours perdant. Si je sombrais dans la fusion jusqu'à présent, c'était pour sécuriser mes relations, et m'assurer qu'on ne m'abandonnerait jamais. Pourtant, ma stratégie n'a jamais vraiment fonctionné. Tout se finit un jour. Peu importe la profondeur du lien que l'on crée, la dépendance que l'on a nouée, le rôle essentiel que l'on s'est donné dans la vie de l'autre. Tout finit un jour, parce que la nature est en mouvement en permanence. Alors rien ne sert de plonger dans l'autre pour s'oublier. Il y a toujours un moment où l'on devra se repêcher.

Lamine

[Quatre jours plus tard]

00 h 02

J'aimerais bien te lire ce soir. Comment vas-tu ?

09 h 34

Je suis un peu triste aujourd'hui.

Tu veux m'en parler ?

Je ne sais pas comment
le formuler.

Jette les mots, même en désordre,
je les assemblerai.

Je me sens fragile comme une enfant et à la fois forte comme mille femmes. C'est tellement étrange, ce moment de ma vie. Parfois, je voudrais vivre les choses moins intensément.

Si tu vis les choses fortement, c'est que tu les affrontes. C'est beau et courageux. Je t'admire beaucoup pour ça. C'est intense, sûrement très éreintant, mais ça sera moins long que de cultiver un déni tiède, prétentieux, et qui refuse d'avoir mal. Tu fais face, et ça avance. Ça fait mal, mais ça avance.

JOURNAL INTIME

[Six jours plus tard]

18 h 18. *« Necesito salir a pasear mi perro ». Je suis vraiment accro à Duolingo.*

Je crois que je suis prête à revoir Lamine.

À Lamine

[Le lendemain]

09 h 45

Bonjour toi, j'ai passé quelques jours en introspection, dont je sors enfin. Ça te dirait qu'on aille se balader cet après-midi au soleil ?

10 h 20

Avec un immense plaisir. Je suis content de te lire, et encore plus de te voir !

JOURNAL INTIME

[Le jour même]

11 h 56. *Enfoncée dans mon canapé, je viens de découvrir qu'il existait des plaids chauffants.*

On se retrouve dans quelques heures. Je redoute d'être dans une comparaison incessante avec Lewis. Je ne cesse de me répéter : ce sont deux personnes différentes, uniques, et j'ai avec chacun d'eux une relation inédite. Et puis, au pire ? Même si cela se passe comme je le redoute ? Ce serait pas si grave. Je saurais que je ne suis pas encore prête. Je le surmonterai.

Lamine
[Le soir même]

19 h 43

Merci, ça m'a fait tellement de bien.

Moi aussi. C'était précisément ce dont j'avais besoin.

La nature de notre lien, tu sais,
c'est quelque chose qui m'échappe.

C'est aussi cela qui nous plaît, ne crois-tu pas ?

Les interstices de l'attraction.

JOURNAL INTIME

[Le soir même]

21 h 34. *Dans le métro.*

C'était revigorant. Doux. Bienveillant. Timide. Nous n'avons rien fait d'autre que discuter, nous balader, et manger à intervalles réguliers. C'était ce dont j'avais besoin. Pendant quelques heures, j'ai réussi à ne penser à rien d'autre qu'au moment présent. Et ça faisait très longtemps que ça ne m'était pas arrivé.

À Lamine

[Quatre jours après]

20 h 20

Ça fait 20 minutes que je réfléchis à un truc mignon à t'envoyer. J'arrive pas à choisir. Mais je crois pouvoir te dire sans trop rougir que j'aurais beaucoup aimé ce soir t'avoir dans mes draps.

Qu'aimerais-tu pouvoir y faire ?

Je ne fais qu'écrire et effacer.

Tu as aussi le droit de laisser en suspens cette conversation, c'est beau aussi d'être pudique.

Je crois que je n'ai pas envie d'être pudique ce soir. Mais comme j'ai envie de plusieurs choses, ça risque d'être un peu long.

J'ai tout mon temps.

J'ai envie que tu prennes le temps de me déshabiller.

Bien.

J'ai envie d'avoir un peu froid au début.
J'ai envie de garder ma culotte.

Blanche.

Oui, en coton. Parce que j'aimerais bien sentir tes doigts délicats se balader dessus. Presque plus encore qu'en dessous.

Et tu aimerais que ces mains se baladent de quel côté de cette culotte blanche en coton ?

De tous les côtés. Comme une danse. Et si parfois la culotte tombe ou se soulève un peu, ça ne me dérangerait pas.

Je descendrais ensuite tout doucement, pour sentir le léger duvet se hérisser sous mes doigts, puis une fois arrivé en bas, à la limite des cuisses, je les saisirais sans doute à pleines mains pour les faire remonter dans mes paumes, fermement, pour les sentir en entier, une dans chaque main.

Et après ?

Après je me mettrais à genoux et les embrasserais, poserais mon visage dessus, les serrerais dans mes mains, les contemplerais.

Je sens mon cœur battre dans ma culotte.

C'était quand la dernière fois que tu as fait l'amour ?

Il y a plus de deux mois. Je crois que je recommence à en avoir envie. J'ai envie de me sentir dans mon corps de nouveau.

De « te » sentir dans ton corps ?

Oui. Je pense que faire l'amour me ferait revenir dans mon corps. Je n'arrive pas à bien l'expliquer. Je n'ai plus envie d'être dans ma tête.

J'ai envie des quelques minutes qui suivent le plaisir. Et des quelques minutes qui le précèdent. Mais c'est vraiment important pour moi, encore plus qu'habituellement, de partager ces quelques minutes avec quelqu'un qui me fera me sentir en sécurité.

Tu aimerais voir un garçon ou une fille comme ça de temps en temps, sans que ce soit dans le cadre d'un couple, mais que ce soit tout de même un lien fort ?

Oui, je crois que c'est ce qui pourrait me faire envie en ce moment. Mais il faudrait que j'essaie pour en être sûre. À l'heure actuelle, j'ai du mal à trancher entre la nécessité d'être totalement seule et l'envie de relationner avec quelqu'un d'une manière différente de ce que j'ai toujours connu. C'est confus dans ma tête. Je fais un peu de résistance, parce que je pense que j'ai encore besoin de régler certaines choses.

Tu sais, tu es le seul garçon que j'ai accepté de voir dans ma vie d'isolement et d'introspection renforcée. Mais depuis récemment, et de plus en plus, mes élans naturels reviennent. Des élans d'affection, d'émotions, de chaleur. C'est que je suis en bonne voie.

Je suis heureux d'être présent sur cette voie-là.
Tu sais où me trouver, je ne la quitte pas.

À Lamine

[Deux jours après]

22 h 04

Est-ce que tu dors ?

Non.

Je peux venir te voir ? Boire une tisane. Discuter.
J'aime pas les dimanches soirs.

Viens. On aura un dimanche soir d'êtres un peu cassés, ce sera parfait.

JOURNAL INTIME

[Une heure plus tard]

19 h 46. *Métro. Tout bouge, plus aucune place assise.*

Écriture en vrac parce que je suis dans le métro. En train de rejoindre Lamine qui est de passage à Paris. Je pense qu'il va se passer quelque chose ce soir, je le sens. Je crois que j'en ai envie. En tout cas, c'est moi qui l'ai provoqué. Mais je ne sais pas si je suis prête pour autant. J'ai appelé Samia en panique. Elle m'a rappelé qu'il n'y avait aucun impératif et qu'il fallait que je m'écoute seconde après seconde. Et elle a raison. J'aimerais vraiment arriver à déconnecter mon cerveau le temps d'une soirée. Et si tout ça finissait par me faire plus de mal que de bien ???

Lamine
[Le lendemain matin]

05 h 10

Tout va bien ? Tu es arrivée chez toi ?

Pas encore tout à fait. Quasiment.

Quelle merveilleuse soirée.

J'ai plein de belles images en tête. Et dans le ventre.

Moi aussi. 9 heures irréelles.

Qui sont passées en 30 petites minutes.
Passe une belle nuit, pour le peu qu'il reste.

J'aurais aimé dormir avec toi.

Une prochaine fois, j'en suis sûre.

Lamine
[Le lendemain matin]

11 h 34

Je ne fais que penser à hier soir. Comment te sens-tu ?

Apaisée.
Je t'ai cherché dans un demi-sommeil ce matin.

M'as-tu trouvé dans un demi-songe au moins ?

JOURNAL INTIME

[Dans la journée]

20 h 00. *Table de la cuisine, en face de mon plat de pâtes chaud. J'ai faim.*

Il y a un pouvoir dans la tendresse que l'on sous-estime trop. J'imagine à quelle fréquence cette énergie doit vibrer, et ça ne doit pas être loin d'un chiffre parfait. D'un chiffre qui guérit, qui sauve. Pouvoir déconnecter mon cerveau quelques heures pour réinvestir profondément mon corps hier soir, et être plutôt traversée par des sensations, que des émotions ou des pensées, c'était la thérapie dont j'avais besoin. J'ai eu quelques moments d'absence, certes, de comparaison avec Lewis, des moments où j'observais la scène d'un regard extérieur en me demandant ce que je faisais là, mais ils ont été très brefs et ont pris, en fin de compte, peu de place. J'ai très vite réussi à les chasser, alors que j'aurais eu tendance à penser qu'ils m'auraient paralysée. Et ça, c'est une victoire. La nuit était délicate, douce, comme une longue partie d'échecs durant laquelle les deux adversaires ont un profond respect l'un pour l'autre, quelques baisers, de longs câlins, beaucoup de caresses, de profondes conversations, entièrement habillés. C'est tout ce que je pouvais donner sur le moment. Et c'était suffisant. J'ai ressenti du désir brut au fond de mon ventre, et ça faisait longtemps que ça ne m'était pas arrivé. Je ne suis pas restée dormir chez lui, je crois que j'avais besoin de retrouver un environnement familier après avoir visité d'autres draps. Je suis plutôt heureuse d'avoir réussi à construire un repère rassurant chez moi, après y avoir passé des moments si difficiles. Quand je me suis glissée dans mon lit, j'ai eu une sensation de sécurité immédiate, et ça, je le sais, c'est aussi un signe de guérison. Je redoutais un peu le réveil seule mais, en ouvrant les yeux, je me suis sentie centrée, ancrée, et contente de partager ma propre compagnie.

Petit à petit, l'oiseau fait son nid en passant par d'autres branchages.

À Lamine

[Deux jours plus tard]

12 h 02

J'ai beaucoup repensé à la nuit que l'on a passée ensemble, ces derniers jours, et ça me plaît de m'y perdre. C'est assez joli l'attention que tu portes aux détails, ça les fait devenir importants, alors qu'ils sont habituellement laissés de côté. Tu arrives à les faire vivre juste par ton regard, et ça rend le tout spontané, naturel, vif. Ça donne envie de se livrer à toi. Et c'est beau et rare. Et ça me soigne. Et ça réveille mon corps au repos.

Ça me touche que tu le ressentes. Et que tu me le dises. Et si bien.

C'était encore une autre manière d'être ensemble. Cette fois, physiquement. C'est une autre facette du rapport à l'autre. Parfois nous n'avons que l'un ou l'autre. Parfois les deux. Avec plus ou moins de surprise ou de plaisir. Dans notre cas, je crois que c'était comme nos discussions, mais en mieux. Comme une extension de la vie.

Est-ce que tu es inquiet ?

Moins qu'hier.

Pourquoi l'étais-tu hier ?

Ce n'est pas très rationnel, mais quand une rencontre est si forte, j'ai toujours peur que cela change les rapports, les échanges. Je ne sais pas. Que l'on soit gênés ou que l'on n'ose pas dire ce que ça nous fait, si ça ne nous fait pas les mêmes choses. Tout un tas de questionnements excessifs en pagaille. Et tant mieux, ça participe aussi de ce bouillonnement d'émotions. Tu comprends ?

Oui, je comprends. Mais ne t'inquiète pas, je suis quelqu'un qui parle assez facilement, et il me semble que toi aussi. Nous ne sommes obligés de rien du tout, maintenant que cela s'est passé.

Je ne voulais pas dire que je n'en ai pas envie, bien au contraire. Mais si toi tu n'en as pas envie, je pourrais tout à fait le comprendre, et je veux que tu te sentes libre de le dire. Enfin, bref, c'est ma manière maladroite de t'assurer que l'on peut tout se dire.

Oui, j'avais tout compris, et c'était ma manière maladroite à moi de te dire la même chose.

JOURNAL INTIME

[Trois jours après]

14 h 12. *Assise en terrasse d'un café, sans café.*

Je me suis réveillée très tôt. J'ai bu une tisane. J'ai traîné au lit en écoutant un podcast. J'ai mangé des gâteaux très sucrés, et plus j'en mangeais, plus j'en voulais. J'ai fini d'écrire un article. Puis, j'ai mis un pied dehors et j'ai marché comme si je ne connaissais pas la ville. Je me suis arrêtée dans des librairies, dans des épiceries, dans des magasins dont je n'avais même pas noté l'existence jusque-là.

Le fait d'avoir vécu un moment intime avec Lamine a créé comme une distance instantanée dans ma tête avec Lewis. Presque de manière automatique. J'imagine alors que, si l'on continue à se voir, une armure de plus en plus épaisse se construira autour de moi, qui me protégera de lui et de notre chagrin commun.

J'observe les gens dans la rue. Un grand-père passe avec un chapeau extravagant, derrière, une petite fille tient la main de sa mère, puis encore derrière, un couple marche tête baissée, chacun sur son téléphone.

C'est étrange, la guérison. Tout est un peu confus, mélangé, alambiqué. J'écoute de la musique de nouveau, j'arrive même à écouter des chansons d'amour, et ça ne me fait plus seulement penser à Lewis. Maintenant, ça me fait penser à Lewis et Lamine en même temps. Parfois, je les réécoute deux fois, pour avoir le temps de ressentir toutes ces émotions divisées. Puis, j'aime bien quand Lamine fait des choses qui me rappellent Lewis. Ça me donne l'impression de retrouver ma maison. J'apprécie aussi quand il se montre à l'opposé de lui.

Ça me fait me demander comment lui, il aurait réagi. Mais, la plupart du temps, ça me permet surtout de ne plus y penser. Tout est contradictoire, et dans tous les sens. Sens dessus dessous, comme dirait mon psy.

[Le lendemain]

16 h 47. *Salle d'attente de mon psy. Assise sur une chaise très inconfortable.*

Je me pose de plus en plus la question de ce que ces événements ont changé en moi. De ce que la dépression a transformé. Car oui, j'arrive enfin à poser un mot dessus. J'ai découvert des parts de moi-même si sombres, ces derniers mois, que j'ai peur de cohabiter avec elles. Parfois, je suis avec mes amies, et elles sont avec moi. Ou du moins, avec celle qu'elles pensent que je suis. Que j'étais. Mais moi, je ne me sens pas à ma place, comme si j'étais à l'extérieur de mon corps. Parce que je ne me sens plus comme cette personne qu'elles pensent connaître par cœur.

Et leur regard, par moments, m'empêche de faire le deuil de cette part de moi qui est morte et que je n'arrive pas à retrouver.

Lamine
[Deux jours après]

17 h 45

Plus j'y pense, et plus j'ai l'impression que cette nuit n'a pas existé.

Moi aussi. Et en même temps, tout l'inverse : qu'il n'a jamais existé que cette nuit.

Allons-nous la faire exister de nouveau ?

Oui. Vite.

JOURNAL INTIME

[Deux jours après]

18 h 56. *Chez Samia, seule. J'attends qu'elle revienne des courses.*

Je crois que je suis enfin arrivée à mettre en place une routine qui soit bonne pour ma santé mentale. Je commence à trouver du bien-être dans la discipline. Il y a quelques semaines, quand j'étais au creux de la vague, on avait discuté avec mon psy de la possibilité de prendre un traitement médicamenteux en passant par un médecin, si jamais je sentais que je n'y parvenais plus toute seule. Aujourd'hui, je crois pouvoir assurer avec certitude que je vais réussir à m'en passer.

Les angoisses vont et viennent, bien sûr. Et j'ai encore des moments où j'ai l'impression que je ne sortirai jamais de cette spirale, comme si j'étais enfermée dans ma tête et qu'elle me piégeait. Mais j'arrive de plus en plus à épousseter mon cerveau pour qu'il trouve des issues à ces mirages labyrinthiques.

Je maintiens un équilibre relationnel plutôt sain avec Lamine. Je pense que le fait de savoir qu'il est dans une relation libre m'aide à ne pas trop me projeter ou ne pas trop attendre de cette relation. Ça me permet de rester concentrée sur moi. Mais hier soir, pour la première fois, j'ai ressenti un peu d'anxiété en imaginant que tout pourrait s'arrêter du jour au lendemain, ou que j'aurais envie de plus avec lui et que ce ne soit pas réciproque. J'ai dû méditer un quart d'heure pour m'apaiser. Je sens que je pourrais approcher de zones un peu dangereuses pour moi, il faut que je reste vigilante. Et en même temps, cette adrénaline-là, cette peur, aussi, dans un certain sens, me stimule.

J'AIMERAIS TANT QUE MON CERVEAU M'ENVOIE SON MODE D'EMPLOI.

À Lamine

[Deux jours après]

19 h 34

J'ai une question à te poser qui me taraude un peu, ces derniers jours. Qu'as-tu le droit de faire dans ton couple ?

JOURNAL INTIME

[Le lendemain]

19 h 12. *En chemin pour aller au restaurant. Je sais même pas comment j'arrive à écrire en marchant.*

Sentiment un peu étrange et flottant toute la journée. Hier j'ai envoyé un message à Lamine, et je n'ai pas reçu de réponse. Et alors que je pensais plutôt bien gérer notre relation, le simple fait d'être dans le silence a de nouveau suscité en moi une vague d'anxiété. Mais à quoi est-ce que je m'attendais ? Une disponibilité 24 heures/24, alors qu'il est en couple ?

Lamine
[Le lendemain]

19 h 45

Excuse-moi pour le retard de ma réponse. C'est une question complexe. Nous n'avons pas vraiment fixé de limites ou choses à faire ou à ne pas faire. Ce qui importe à ma partenaire, c'est que je sois gentil et respectueux avec les personnes que je fréquente, et que je la tienne au courant de l'essentiel. Elle-même est d'ailleurs d'accord pour « plus » mais ce sont des zones nouvelles pour moi, pour nous, donc je ne sais pas exactement comment les définir. Les relations sexuelles sont précisément actées, le reste, ce sont des terrains plus flous et encore à explorer.

D'accord.

Cela t'inquiète ?

Non. Mais je veux bien me comporter avec
toi, avec elle, et avec moi-même.

JOURNAL INTIME

[Le lendemain]

16 h 56. *Sur un banc, dans la rue. Obligée de m'arrêter pour écrire, impossible d'attendre de rentrer à la maison. Ce carnet me sauvera un jour, je l'ai déjà dit ça ?*

Je sors d'une séance très intense avec mon psy. Ça m'a retournée. On a revisité un souvenir d'enfance que je ne considérais pas comme important. Mais maintenant qu'il est remonté à la surface, j'ai du mal à penser à autre chose.

J'ai 6 ans. Je vais dormir chez mon père pour la première fois depuis la séparation de mes parents. Nous dînons très tôt. Il me met au lit dans la foulée et m'explique qu'il a une course à faire et qu'il rentrera au milieu de la nuit. Que je ne l'attende pas pour dormir, qu'il sera là à mon réveil. Il part sur le champ, en laissant plein de bougies allumées dans l'appartement. Une fois qu'il passe le pas de la porte, je me lève, éteins toutes les bougies, me disant que ma mère trouverait ça dangereux. C'est la première fois que je suis seule durant la soirée. Je me dis qu'il ne faudra rien lui dire, d'ailleurs, à ma mère, autrement, elle risquerait de s'énerver. Je me glisse dans le lit. Il est 20 heures. Je ne dormirai pas de la nuit.

En finissant la séance, j'ai dit à mon psy que je commençais à être éreintée par cette thérapie et que je ne comprenais pas bien où ça me menait. J'ai l'impression de rouvrir toutes mes plaies en même temps sans jamais prendre le temps de les refermer.

Il m'a demandé d'être patiente. Mais j'ai de plus en plus de mal à l'être. La tentation de tout arrêter et de tout enfouir, sans mentir, n'est pas loin.

[Le lendemain]

10 h 00. *Le lit.*

Depuis hier, beaucoup de souvenirs avec mon père resurgissent. Des sensations, aussi. Des émotions d'enfance. Celle d'attendre quelqu'un et d'avoir constamment peur d'être abandonnée. Comme je l'étais sur le parking le soir, devant l'école de danse, quand il oubliait quasiment systématiquement de venir me chercher. Je n'ai pas envie de revisiter tout ça. Comment refermer cette boîte ? C'est comme mettre du sel sur mes plaies alors que je voudrais juste les recouvrir. À côté de cela, je crois que je suis un peu dans l'attente de recevoir des nouvelles de Lamine, alors que jusqu'à présent, j'avais réussi à éviter cet écueil. Je commence à me demander si cette situation me convient réellement ou non. Il est très clair que nous ne sommes pas un couple, qu'il y a quelqu'un d'autre qui est sa partenaire officielle, et que par là même, il n'y a pas de réel engagement entre nous. Je crois qu'il reste difficile pour moi de ne pas être choisie entièrement.

Lamine
[Le soir même]

22 h 17

Tu t'installes progressivement et paisiblement dans mon paysage. Et le tableau est agréable à vivre.

J'étais persuadée que j'avais besoin d'être seule ce soir. Mais te lire, c'est la manière la plus agréable de me rendre compte que j'avais en réalité envie que tu sois là, par messages interposés.

On peut être seuls ensemble si tu veux.

À Lamine
[Deux jours après]

10 h 02

J'ai beaucoup pensé à toi au réveil. Je suis restée quelques minutes allongée dans cette pensée.

Et à quoi ressemblait-elle, cette pensée ?

Je rejouais quelques scènes qui t'incluaient en fermant les yeux.

Je le fais sans arrêt, moi aussi.

Seras-tu encore dans le Sud ce week-end ?

Oui.

Il est probable que je vienne. Et si c'est le cas, j'aimerais te faire une proposition.

Quelle est-elle ?

Viens dormir avec moi vendredi dans un bel endroit.

Je serai là.

J'aimerais aussi te dire un truc. Mais je sais pas.

Tu peux tout me dire.

Est-ce qu'on peut se dire que même si on passe cette nuit ensemble, ce n'est toujours pas sûr qu'on fasse l'amour ?

Évidemment. On peut même se dire que l'on passe cette soirée tous les deux et que l'on ne fera pas l'amour. Je veux surtout te voir et passer du temps avec toi. On se fera des câlins, des bisous, et ça sera merveilleux. Et même si tu veux finalement dormir seule, je veux que tu te sentes complètement libre de le dire, vraiment.

Je m'endors. J'aimerais goûter un peu de ta salive sucrée avant de partir. Je t'envoie des baisers.

J'espère qu'il y en a pour ma bouche, et pour plein d'autres endroits aussi.

(Merci d'être si doux et compréhensif.)

Oui, il y en a pour tout ton corps, sous toutes les coutures.

JOURNAL INTIME

[Trois jours après]

12 h 12. *Sur le sol de la salle de bains, face au chauffage qui souffle tout ce que j'arrive pas à dire.*

Alors que je commence à ressentir de l'anxiété vis-à-vis de Lamine, et que je devrais prendre un peu de recul pour observer ce sentiment un peu inconfortable et me protéger, je n'arrive pas à faire autrement que me plonger dedans.

J'ai pensé à mon père et à Lewis, et j'ai pleuré deux fois. Puis j'ai pensé à Lamine, avec qui je vais dormir ce soir à l'hôtel, et je me suis tout de suite reprise. Je suis dans le train, je mange du chocolat, j'écoute le même album en boucle, j'ai hâte d'arriver et de respirer. Ma vie intérieure ressemble à des montagnes russes que je gravis puis descends à toute vitesse, en boucle.

Parfois, au fond de moi, j'aimerais que Lamine tombe amoureux de moi. Je ne sais même pas vraiment bien pourquoi. Sûrement pour pouvoir m'abriter dans l'amour de quelqu'un. C'est plus facile quand on a le choix de ce refuge-là.

À Lamine
[Le lendemain]

22 h 34

J'ai tes mains, tes doigts, tes mots, toute l'étendue de ta peau et chacun des mouvements de ta langue dans la tête.

00 h 02

Ce soir encore je me sens captif du désir qui a explosé hier dans mon ventre, comme une bombe silencieuse. Mes mains atrophiées par l'absence de tes seins dans leurs paumes, ma langue veuve de la commissure de toutes tes lèvres, le son de la Méditerranée dans tes oreilles coquillages.

Je m'endors vide et plein de ce que tu as pris et laissé en moi. Je t'embrasse.

02 h 54

Est-ce que tu dors déjà ? Je voudrais te dire des choses, encore. J'ai lu tout ce que tu m'as écrit comme un poème, à haute voix. Et je ne fais ça qu'avec mes textes préférés. C'est plus qu'un sourire, à ce stade. La nuit passée et tous ces mots me rendent toute chose. Je suis dans un club très bruyant où j'ai un peu bu, alors tout est décousu. Que tu me donnes plusieurs orgasmes et que tu me pousses à m'isoler pour lire à haute voix ce que tu m'écris, c'est beaucoup. Je veux que tu le saches avant de dormir. Tu manies les mots comme tes mains, c'est rare et c'est beau, et je suis une spectatrice avide qui sait reconnaître cette beauté et qui en redemande. J'ai tout ce désir et tout le reste très fort dans le ventre, et partout dans la tête.

Lamine
[Le lendemain]

10 h 34

Bonjour. Je viens prendre la température émotionnelle de nos deux protagonistes.

Je crois que j'ai vraiment lâché prise ce week-end, et ça m'a fait du bien. Mais je me sens également légèrement bouleversée.

Tu veux qu'on en parle ?

Je ne sais pas bien quel mot poser dessus, je crois simplement que c'était très intense, et que ça arrive à un moment de ma vie qui est déjà suffisamment ardent, d'un point de vue émotionnel. Alors ça déborde un peu. Tu comprends ?

C'est agréable. Mais ça me fait tourner la tête.

J'espère que ça n'ajoutera pas à tes angoisses actuelles, c'est tout ce qui compte pour moi.

Je me sens dans l'acceptation de toutes les émotions qui me traversent, mais c'est comme le début d'une ivresse. Je ne prendrai pas de risques qui pourraient me faire souffrir. Si jamais je venais à le faire, je te le dirais.

Parfois, d'autres émotions me traversent. Mais je ne sais pas si je peux t'en parler.

Tu peux aller dans tous les détails que tu souhaites.

Je pense que c'était perturbant pour moi de partager une telle intimité avec un autre garçon pour la première fois.

Je comprends tout à fait. Pour moi aussi, c'est perturbant, alors que ça ne l'est pas forcément habituellement.

Est-ce que c'est aussi lié au fait que c'était très « intime » entre nous ?

Pour ma part, c'est la première fois que c'est aussi fort émotionnellement avec une autre personne que ma partenaire. C'est la première fois que cela va si loin dans notre structure de couple ouvert, et ça arrive à un moment très flou entre elle et moi. J'ai peur de lui faire de la peine ou du mal, j'ai peur de te faire de la peine ou du mal, c'est confus et vertigineux, autant qu'excitant et délicieux. J'ai surtout peur de ne pas être suffisamment honnête ou juste, je ne sais pas, beaucoup de peurs à la fois. Tu comprends ?

Oui, je comprends tout. Tu sais, on n'est pas obligés de revivre des moments similaires si c'est trop bouleversant dans ta vie et dans ton couple. On peut aussi se dire que c'était une parenthèse. Qu'elle n'est pas plus engageante. Que c'était un moment volé à nos vies. Que peut-être ça se reproduira un jour, mais que rien n'est sûr.

C'est vraiment un sentiment extraordinaire de pouvoir tout se dire, toi et moi. Voyons comment nous nous sentons et ce dont nous avons envie dans les jours et les semaines qui viennent, tout simplement. Soyons simples et doux.

Oui.

De toute façon, tu arrives toujours à me rassurer.
J'espère y arriver aussi.

Je suis une adulte responsable de mes choix et de mes actions, et si je te dis ça, c'est parce que je ne veux pas que tu te sentes responsable de moi. Je suis au courant de ta situation, tu l'es de la mienne. Ce qui compte pour moi, c'est qu'on se dise les choses comme on l'a toujours fait.

Je suis d'accord. Désolé, c'est un défaut de l'éducation sexiste des garçons : ne pas estimer que nos partenaires féminines soient capables de gérer leurs choix et la responsabilité qui va avec, comme si nous étions plus lucides, alors que nous sommes, la plupart du temps, bien plus puérils ou inconséquents.

Je crois aussi que j'ai besoin qu'on ne définisse pas trop les choses. Qu'on reste légers. Sinon, j'ai peur. Parce que je ne sais pas de quoi je suis capable. Je ne sais pas vraiment quelle est ma disponibilité émotionnelle.

Je crois que nous en sommes au même point.

Est-ce que tu penses que l'on devrait moins s'écrire pour tempérer les choses ?

Je ne crois pas qu'il faille penser comme cela, faisons ce que nous voulons faire. Tu ne penses pas ? Quand tu veux m'écrire, écris-moi ; quand je veux t'écrire, je t'écrirai. Et nous répondrons quand nous le pourrons et en aurons envie, non ? Comme jusqu'à présent.

Oui, faisons ainsi. C'était bien de discuter de tout cela.

Lamine

[Le soir même]

22 h 40

C'était de la douceur hardcore entre nous. Nous sommes des forcenés de la tendresse, des extrémistes de la caresse.

Tu croques ?

Je hume, d'abord. Puis, je lèche. Ensuite, je dévore.

J'ai senti mon cœur battre dans mon entrejambe.

JOURNAL INTIME

[Dans la nuit]

03 h 12. *À moitié endormie sur le canapé.*

Il y a quelque chose que je n'arrive pas à comprendre en moi. Et ce n'est pas la première fois que cela se produit. Chaque fois que je passe la barrière du sexe avec un garçon, j'ai un sentiment d'insécurité par la suite. J'ai peur qu'après avoir donné cette chose très précieuse, la personne en face se désintéresse de moi. Comme si je me sentais dépossédée de quelque chose, aussi. Quelque chose qui ne m'appartiendrait plus.

J'ai eu une conversation avec Lamine ce matin, et je crois que je lui ai menti. En réalité, sa situation, je veux dire, le fait qu'il soit avec quelqu'un d'autre, commence un peu à m'inquiéter. Et même si tout est transparent entre nous, même s'il est honnête, et que je suis libre de mes choix, je n'arrive pas à savoir si cette situation me convient vraiment, et si ça ne pourrait pas me faire souffrir dans un avenir proche. J'essaie de comprendre pourquoi je n'ai pas réussi à lui en parler. Pourquoi j'ai dit l'inverse, même. Si je creuse un peu en moi, je crois que ça rejoint une nouvelle fois ma peur de l'abandon. Si je prenais le risque de lui dire que je ne suis pas sûre que ça me convienne, et qu'il décidait d'arrêter là, qu'est-ce que je ressentirais ? Est-ce que je rejouerais ce scénario de l'abandon que je ne connais que trop bien encore une fois ?

[Deux jours plus tard]

23 h 12. *Dans le lit de Samia pendant qu'elle se douche. Je porte l'un de ses pyjamas.*

J'ai vu mon psy aujourd'hui, et je crois qu'on a dénoué quelque chose d'important concernant ce sentiment d'appréhension et de dépossession de l'après-sexe. Ce n'est jamais très évident de retranscrire des séances de thérapie, mais si je me concentre, je pense pouvoir revenir sur l'essentiel : on a beaucoup discuté de la notion de don, dont j'ai du mal à délimiter les contours. Lors de cet acte, je donne mon corps, mon émotion, je confie à l'autre quelque chose que je trouve souvent très pur et inédit, et peut-être que je m'oublie dans ce partage. Après l'amour, je me suis rendu compte que j'avais une sensation d'abandon, sûrement car je m'étais abandonnée moi-même dans l'acte. Puis, quand l'autre part, ou que je pars, cet abandon (qui n'en est en réalité pas un, puisqu'en plus, souvent, l'autre s'est abandonné aussi), devient palpable. Ayant du mal à séparer le corps et l'esprit dans l'amour, je considère que j'ai donné mon corps, et de ce fait, mon esprit, mais aussi, mes capacités émotionnelles. Et comme je suis un être à l'attachement plus anxieux, j'ai du mal à revenir à moi-même. C'est un équilibre qu'on trouve à force d'entraînement et de discipline, mais qui n'est pas vraiment inné. J'en ai beaucoup parlé à Samia en sortant de ma séance, parce que je sais qu'elle a à peu près la même problématique que moi, et on s'est dit que c'était pas mal, ce concept de suivre une thérapie à deux. Que c'était peut-être ça, être meilleures amies : avoir des blessures communes, mais que seulement l'une des deux se tape une thérapie pour en faire bénéficier l'autre.

[Le lendemain]

13 h 12. *Au sortir du supermarché, les sacs à peine posés sur le sol de la cuisine.*

Je crois vraiment que je suis au cœur du processus de la rupture. J'ai l'impression que quelque chose en moi a accepté. A lâché prise. Ou du moins, est en train. Je sais que je progresse un peu plus chaque jour, que mon cœur guérit. En revanche, je m'observe reproduire avec Lamine les mécanismes amoureux que j'aimerais déconstruire. Maintenant que je les ai identifiés, je ne vois que cela. Et pourtant, je ne parviens pas à y échapper. Je suis devenue une spectatrice passive de mes propres agissements, et j'ai l'impression de ne rien pouvoir y faire. J'en ai beaucoup parlé durant ma séance, ce matin, avec mon psy. Il m'expliquait que plus on guérit, plus on devient conscient de soi-même et de ses modes de fonctionnement, et plus les sentiments se révèlent n'être que des échos entre nos blessures. Ce n'est pas le constat le plus joyeux qui soit.

Je ne sais pas comment faire pour aimer sans blessures qui résonnent.

À Lamine
[Le lendemain]

12 h 02

Tes mains sur mes hanches, vite.

En pensées, toujours.

JOURNAL INTIME

[Trois jours plus tard]

19 h 12. *J'aurais pas développé une addiction au sucre, par hasard ?*

J'ai beaucoup réfléchi ces derniers jours, et j'ai pris une décision. Je vais essayer d'un peu moins écrire à Lamine pour ne pas alimenter et reproduire mes schémas de dépendance affective sur lesquels je travaille en ce moment. Nous sommes tous les deux dans une situation compliquée, lui en expérimentation de son couple libre qui est au bord de l'implosion, moi en rupture, et je ne voudrais pas trop m'attacher dans ces circonstances un peu bancales. J'essaie de ne pas être trop radicale en arrêtant tout, car c'est une relation qui me fait du bien, et je crois que ce n'est pas la solution de fuir dès que l'on sent qu'un point sensible pourrait être touché, mais c'est un vrai challenge pour moi que de tenter une solution « tiède » en prenant simplement de la distance.

Mon psy pense que nos relations amoureuses sont l'occasion de travailler sur nous à partir du moment où l'on atteint un certain niveau de conscience de soi-même, comme c'est mon cas actuellement. Pourtant, j'en ai ma claque d'être un laboratoire. Tout comme je commence à en avoir marre de cette thérapie qui me fait tourner en rond, me rend à fleur de peau et éraflée de toutes parts. Tous les dossiers ont été ouverts : individuels, familiaux, amoureux… sans qu'aucun n'ait été résolu, ou clos. Je me promène donc dans les rues de la ville avec toutes mes blessures, actuelles et passées, et je n'ai aucune idée de quand ni comment je pourrai les refermer. J'ai pourtant l'impression d'avoir compris d'où ça venait, d'avoir analysé les causes, de repérer désormais les déclencheurs et d'avoir un regard critique et bienveillant sur mes réactions. Mais les blessures sont toujours là.

À quoi cela sert-il d'arriver à un tel niveau d'impudeur, de parole, d'analyse et d'observation, si ce n'est pas pour être moins touchée, pour moins en souffrir ?

À Lamine

[Le lendemain]

08 h 12

Bonjour toi. Je voulais juste te dire que j'allais laisser un peu mon téléphone de côté pour les jours à venir, j'ai besoin de me recentrer. Je pense fort à toi.

Envoie-moi une petite note vocale que je pourrai réécouter pendant ton absence.

Prends soin de toi, tu me manques déjà.

JOURNAL INTIME

[Une semaine après]

Pas envie de regarder l'heure, après tout, il est l'heure qu'il est.

Quand j'enlève mon pansement, ça saigne encore un peu. J'ai beaucoup pleuré ces derniers jours, comme si, privée de distraction sentimentale, la marée montait de nouveau. Tout ce que j'aimerais, c'est me ruer dans les bras de Lamine et qu'il absorbe toutes mes douleurs. J'ai l'impression de faire un pas en avant, puis trois pas en arrière. Tout ce que je ressens est embrumé, j'ai du mal à clarifier, à trier, à nommer mes émotions, mes sentiments. Puis je commence à devenir de plus en plus mélancolique concernant Lewis. Des souvenirs surgissent dans ma mémoire et ravagent par leur éclat tout mon cerveau. Ça dissipe le ressentiment, et cette douceur un peu aigre est plus compliquée à gérer. Depuis quelques jours, je repense à nous, à nos débuts, à tout ce qu'il y avait au milieu, et à ces derniers mois avant la fin. Je n'idéalise rien, ça devait se terminer, et je ne le remettrai jamais en question. Ce qui m'effraie, surtout, c'est que je n'idéalise plus et pourtant, il est toujours là. J'ai écrit un message que je ne lui enverrai jamais, je le dépose ici pour qu'il existe quelque part, ailleurs que dans mon ventre :

« Tu vois ces films dans lesquels il existe des réalités parallèles ? Ces zones temporelles où le destin fait évoluer les relations différemment, selon où tu te trouves ? J'ai l'impression que nous sommes restés coincés dans la réalité où ça n'a pas fonctionné. Dans celle où, pour diverses raisons indépendantes de notre volonté, notre couple a échoué. Et là, tout de suite, j'aimerais nous faire voyager dans l'une des réalités d'à côté. L'une où l'on est heureux ensemble. J'aimerais que le « nous » de là-bas puisse nous dire à quel point on est stupides. Qu'il nous montre à côté de quoi on passe, et tout ce qu'on loupe. Tu me manques.

Tu me manques tellement que, parfois, je me demande si ça passera un jour. »

[Trois jours après]

05 h 12. *Combien de temps peut-on tenir sans dormir ?*

Le cœur est une matière extensible à l'infini. On pense qu'on ne pourra plus rien mettre dedans, et pourtant, comme par magie, il est capable de se réveiller un matin et de s'étirer encore un peu plus. Il trouve des nouvelles cachettes inexplorées, époussette, fait de la place. Lamine, malgré mon silence et ma distance, est dans mon cœur, sur une petite île nouvellement créée. Je ressens des choses certaines pour lui, des émotions, des sentiments, mais je ne sais pas clairement les identifier. Un attachement, ça, c'est certain. Du désir, c'est certain aussi. Mais je ne crois pas que ce soit de l'amour. Ou alors, une forme beaucoup plus allégée que ce que j'ai connu jusque-là. Pourtant, parfois, quand je pense à lui, mon ventre se serre. Et tout à coup, je ressens le besoin panique qu'il me rassure sur la profondeur de notre lien et sur son avenir, quand même moi je ne sais pas ce que j'en attends. Je crois que c'est le signe que mes mécanismes de dépendance affective, malgré tous mes efforts pour les réprimer, se remettent silencieusement en marche.

Mon psy m'a conseillé d'écrire à mon père, du moins d'y réfléchir, cela fait plusieurs jours, mais je n'y arrive pas. Chaque fois que j'essaie de poser au clair ma pensée, tout s'entremêle, et c'est impossible d'y voir clair.

Je ferais mieux d'aller dormir.

Lamine

[Deux semaines après]

21 h 12

On fixe une date ou on attend de se manquer ?

Fixons la date à laquelle on se manquera.

Demain soir ? Je ne sais pas si ta période d'hibernation est prête à prendre fin, mais si c'est le cas, j'aurais beaucoup aimé te proposer de célébrer cela dans une belle chambre d'hôtel, je suis à Paris.

J'ai un peu bu. J'ai envie de te parler. Oui pour demain soir.

Disons-nous tout demain alors.

JOURNAL INTIME

[Le lendemain matin]

11 h 12. *En face d'un verre d'eau pétillante dans ma cuisine, les pieds mouillés, à la recherche de paracétamol.*

Réveil mal à la tête. Je tends la main pour attraper mon verre d'eau, je le renverse entièrement par terre. Je sors du lit en titubant, un pied dans la flaque. J'enfile un pantalon et je sors immédiatement. Le soleil est dans les rues. Hier soir, dans mon ivresse, j'ai dit oui à Lamine pour passer la soirée qui vient avec lui, malgré tout ce que j'avais décidé. Je crois que, sur le moment, je n'avais plus envie de compartimenter mon cœur ni de le préserver. J'ai souvent envie de vivre et de prendre des décisions dangereuses et irréfléchies. Parce qu'il m'arrive de penser qu'on n'a pas besoin de toujours savoir précisément ce que l'on fait, ni même si ce sera bon pour nous demain, après-demain, dans une semaine, dans un mois. Je ne sais même pas si je serai en vie dans un mois. Je suis en route. Je n'ai pas osé revenir sur ma décision. Aucune envie d'analyser, de réfléchir, de peser, de rationaliser. J'ai perdu trop de temps à être triste. Je vois la vie défiler à toute vitesse, et j'ai tellement peur de perdre une minute de plus.

Lamine

[Le soir même]

20 h 02

Chambre 305.

La vue sur les rails de trains est très belle, mais je ne t'en dis pas plus.

Lamine

[Le lendemain]

11 h 23

J'ai mis un pied dans le train au moment où il partait, à la seconde près. C'était tellement bien de te retrouver.

Cette nuit était la plus belle manière de sortir de mon hibernation. C'était bien et beau de me promener dans tes yeux pendant que les trains partaient et arrivaient.

Il y a des choses qui avancent, non pas seulement par étapes, mais plutôt des choses qui s'approfondissent, comme si l'on se découvrait d'autres facettes un peu plus chaque fois. Nous étions chez nous dans cette chambre, chez nous l'un avec l'autre, l'un dans l'autre, l'un sur l'autre, l'un autour de l'autre. Je pensais vraiment ce que j'ai dit hier soir, sur le fait qu'on se soigne ensemble, toi et moi.

Je viens d'arriver dans une énième chambre d'hôtel à laquelle tu manques. Je me sens très fatigué, et je crois que mon impression d'être avec toi persiste, comme s'il n'y avait qu'un quart ou une moitié de moi-même qui était là, comme si ça prolongeait nos au revoir précipités de ce matin, comme si le moment de nous séparer était tellement retardé qu'il n'existait plus.

JOURNAL INTIME

[Le jour même]

12 h 12. *Allongée sur le tapis de mon salon, me goinfrant de chouquettes qui collent aux doigts.*

Le soleil est encore là. Il court les rues. Les gens semblent heureux, en tout cas, ils sourient. Je fais de même. J'ai toujours pensé qu'après avoir fait l'amour, on avait une aura différente, englobante, éclatante. Et qu'elle était facilement reconnaissable. Parfois, je me promène, j'observe les passants, et j'essaie de deviner lesquels sortent d'un moment d'amour. Je le repère à leur manière de se mouvoir, de tenir leur sac quand ils en ont un, de sourire, de remettre leurs cheveux en place, de taper sur leur téléphone, d'avoir la patience d'attendre que le feu passe au rouge pour traverser, à leur air un peu ailleurs, un peu retenu dans la nuit qui vient de se finir. Ce matin, c'est à mon tour. Je marche et je sens mon aura tellement grande qu'elle va d'un bout à l'autre de la rue. Derrière ses ondulations, les murs des immeubles semblent respirer. Je vais bien. Cette fois-ci, je n'ai ressenti aucune anxiété après l'amour. Je ne me sens pas abandonnée. Je n'ai pas ce nœud d'insécurité au fond du ventre qui m'empêche habituellement de manger. J'ai faim. D'ailleurs, je dévalise une boulangerie. (Ça fait des mois que je n'ai pas mangé de viennoiseries). Finalement, je ne vais pas quitter mon psy tout de suite. Je culpabiliserais presque de ce que j'ai écrit à son propos, les pages d'avant. Mais c'est l'avantage du journal intime. Personne ne le saura jamais à part moi-même. Et l'avantage de ma thérapie, c'est qu'il semblerait qu'elle commence à porter ses fruits.

[Le lendemain soir]

21 h 12. *La technologie peut-elle briser le cœur, elle aussi ?*

Parfois, je retourne sur WhatsApp, juste pour voir depuis combien de temps Lewis a été en ligne pour la dernière fois. C'est le seul signe qui me témoigne qu'il est encore en vie. Et ça me rassure autant que ça brise mon cœur. Parfois, il est en ligne. Et je suis en ligne. Nous sommes tous les deux vivants, et si près l'un de l'autre. Mais il y a cette barrière entre nous, désormais infranchissable. Ce n'est désormais plus qu'un étranger que je connais par cœur.

À Lamine
[Quatre jours plus tard]

14 h 56

Repasses-tu par Paris ce week-end ?

Oui, j'arrive demain matin. Noa, ma partenaire, y sera également pour le week-end.

Sortez-vous au *Sugar* samedi soir ?

Non, je ne pense pas, pourquoi ?

Pour éviter une situation gênante.

Mais tu sais, si on se croise et que je suis avec Noa, jamais je ne ferai semblant de ne pas te voir, je te dirai bonjour, je vous présenterai l'une à l'autre si je le peux. Ce serait un peu émouvant, mais c'est important. Tu existes. Elle existe. Et je ne voudrais jamais néantiser l'une d'entre vous.

Oui bien sûr, je comprends. Et je n'ai jamais présumé que tu pourrais m'ignorer, vraiment pas. Merci de m'écrire ça, ça me touche. Je ne voudrais juste pas être dans une situation inconfortable un jour, vis-à-vis d'elle ou de moi-même (dans le sens où je ne saurais pas comment me comporter), si nous nous croisions de manière imprévue.

Pareil, je ne voudrais jamais créer une situation inconfortable.

Je sais, mais j'imagine que c'est un peu inconfortable en tant que tel, dans tous les cas.

Oui, c'est sûr. Mais c'est en même temps très beau, tu ne penses pas ?

JOURNAL INTIME

[L'après-midi même]

18 h 12. *J'avais besoin de chaleur pourtant c'est une douche froide*

Alors que je célébrais le retour d'une certaine forme d'allégresse et de lâcher-prise, Lamine vient de me dire qu'il était de passage à Paris, mais avec Noa, ce qui m'a fait réaliser que ces sensations étaient surtout liées à l'intensité de notre dernier moment passé ensemble, qui m'a inconsciemment laissé penser que, peut-être, il pourrait y avoir plus entre nous. Mais ce n'est pas le cas, et ça ne sera sûrement jamais le cas. Je ne peux plus le nier, la sensation de ne pas être choisie entièrement me fait mal au cœur. J'en ai pleuré. Et je ne sais pas quoi en faire.

[Le soir même]

20 h 12. *les gens lisent-ils vraiment le journal dans les cafés ? Ou est-ce juste pour se cacher derrière quelque chose ?*

J'ai chanté sous la douche. J'ai mangé des œufs. J'ai observé les voisins. J'ai bu un verre d'eau au sirop. Puis Lamine m'a appelée. Il y a de ces moments, dans la vie, où deux personnes savent qu'elles doivent aborder un sujet de conversation et s'en approchent dangereusement chaque seconde, mais n'y parviennent jamais. C'était le cas de cet appel qui a duré 1 h 30. À la fin, il m'a dit : « Les choses se complexifient un peu entre nous en ce moment, tu le sens aussi ? », ce à quoi j'ai répondu : « Elles s'approfondissent », parce que j'ai trouvé que ça sonnait bien comme réponse.

Lamine
[Quatre jours après]

16 h 13

Bonjour toi, j'espère que tu vas bien. Pardon, je n'ai pas été très présent ces derniers jours, j'avais du mal à rester sur mon téléphone.

Tu sais, même si on s'est beaucoup écrit ces derniers temps, tu es totalement libre de couper si tu as envie de vivre quelque temps sans ton téléphone. J'espère que tu le sais. Je veux que tu viennes vers moi par envie uniquement. Jamais par obligation.

Tu crois qu'on se parle avec nos hormones ou avec nos cœurs, toi et moi ?

Un savant mélange des deux.

À Lamine

[Deux jours après]

09 h 02

Parfois, le matin, je suis très angoissée. Je me réveille et je pense à toi, je concentre mon attention mentale sur toi, et je ressens immédiatement de l'apaisement.

C'est un honneur de faire partie de cette petite digue qui te permet de tenir lors de tes tempêtes intérieures.

Je suis de passage demain, veux-tu que nous passions la soirée ensemble ?

Oui, avec plaisir.

JOURNAL INTIME

[Le lendemain]

21 h 23. *Lit.*

Il m'est déjà arrivé plusieurs fois de vivre des chagrins d'amour en étant en couple. Je veux dire, pour d'autres personnes que celle avec qui j'étais en relation. Pourtant, je ne vivais rien de concret avec elles. Mais suffisamment pour avoir mal quand les communications s'arrêtaient. S'opère alors comme une dissociation : une partie du cœur est dans une pièce, en sécurité, aimée, choyée, et l'autre est dans la rue, seule, apeurée, et pleure un amour perdu qui n'a jamais vraiment existé. Hier, j'ai passé la soirée avec Lamine. Et j'ai vu une partie de son cœur abandonné, tandis que l'autre essayait de se rattacher à moi. Son couple est en train d'imploser. Je le regarde et je sais ce qu'il va traverser, mais je ne peux rien lui dire. C'est à lui de faire son chemin. La pré-détresse que j'ai ressentie dans ses yeux, ça m'a effrayée. Et ça m'a rendue triste, de ne pas être celle qui avait le pouvoir de le rendre triste.

J'ai honte d'écrire cela.

Lamine

[Le lendemain]

02 h 12

Pardonne-moi, je suis un peu plus renfermé sur moi-même ces temps-ci.

Je sais ce que tu traverses. Tu as le droit de te renfermer autant que tu veux.

Comment tu te sens, toi ?

Je ne sais pas trop comment en parler ni quels mots poser dessus, mais je crois que notre relation me fait un peu de peine en ce moment.

Oui, je l'ai senti. Tu veux m'en dire plus ?

J'ai de plus en plus de mal avec l'idée que nous ne soyons pas que tous les deux, et c'est peut-être délicat de te dire cela alors que je sais que ça ne va pas très bien avec Noa, pardon.

Non, surtout ne t'excuse pas, tu fais bien de m'en parler, et je comprends le besoin de sécurité que tu as. Ce que nous partageons tous les deux ne te semble plus suffisant, tu as besoin de plus ?

Je crois que, jusque-là, ça me convenait parfaitement, mais je commence à me sentir un peu déséquilibrée dans notre lien, à être plus sensible aux moments où tu es moins disponible parce que tu es avec Noa, et plus triste à l'idée que notre relation ne pourra pas s'étoffer plus que cela.

Je pense qu'émotionnellement et sentimentalement, notre relation pourrait s'étoffer plus, on le sent tous les deux ; en revanche, je ne suis pas sûr de parvenir à être dans une relation de couple exclusive, même si nous nous séparons avec Noa. Et ce n'est en aucun cas parce que tu n'es pas suffisante, ou parce que je ne ressens pas assez pour toi, mais parce que je suis vraiment très attaché à l'idée de liberté. J'ai dû déconstruire tellement de choses pour y parvenir que je ne me vois pas faire demi-tour maintenant, je ne suis pas sûr que ça me rendrait heureux. Puis, honnêtement, cette rupture avec Noa est en train de me bousiller le cœur.

Oui, je comprends totalement.

Tu comptes beaucoup pour moi, peut-être que l'on peut prendre quelques jours pour réfléchir à tout ça ? Je veux que tu te sentes libre de me dire ce que tu peux accepter ou non, quelles sont tes limites, tes envies, pour que l'on trouve la solution parfaite pour nous deux.

Oui, ça me semble très bien.

JOURNAL INTIME

[Le soir même]

21 h 13. *Dans mon salon. Le même podcast tourne en boucle, j'ai froid.*

Je suis vraiment désorientée. La conversation que je viens d'avoir avec Lamine m'a bouleversée, car je ne pensais pas qu'il tenait tant à son principe de liberté. Puis je repense aussi beaucoup à notre entrevue, au chagrin que je percevais dans ses yeux et à l'effet miroir que cela a créé chez moi. Étrangement, ça m'a aussi fait prendre conscience qu'une grande partie de ma détresse était désormais derrière moi. Que j'étais passée au niveau d'après. Et que je ne pouvais pas prendre le risque de revenir à celui d'avant en me plongeant dans ces méandres que je ne connais que trop bien. Je me sens encore trop fragile. Je ne sais pas bien comment naviguer dans tout ça. Peut-être qu'il faudrait juste que je sois, pour une fois dans ma vie, dans la passivité, que je ne prenne pas de décision particulière, que je lâche prise sur le déroulé des choses et que je les laisse se décanter naturellement, pour comprendre ce dont j'ai véritablement envie et besoin.

Je reste donc assise dans mon fauteuil. Je ne fais rien. Je prends un livre, je l'ouvre, j'éteins mon téléphone, je regarde le temps passer.

Et il passe, c'est certain.

Tout passe, c'est certain.

À Lamine

[Une semaine plus tard]

18 h 04

Coucou, j'ai pris le temps de réfléchir ces derniers jours, et ça me fait un peu mal au cœur, mais je crois que je ne vais pas réussir à avancer avec toi sans qu'on ne soit que tous les deux. Je suis à un moment de ma vie où j'ai besoin d'être pleinement choisie.

Je le comprends tout à fait, je le sentais venir. Je comprends que ce genre de relation puisse créer des insécurités, et il n'a jamais été question pour moi de te faire du mal de quelque manière que ce soit, surtout après ce que tu as traversé et tout le bien que l'on a réussi à se faire jusque-là, de la plus belle des manières. J'ai beaucoup réfléchi ces derniers jours pour savoir si j'étais prêt à me réengager dans une relation exclusive, parce que je tiens beaucoup à toi, mais je crois que ce serait mentir que de dire que c'est le cas. Et ça ne signifie pas que je ne te choisis pas toi, ça signifie que je commence à connaître mes propres limites et à essayer de les mettre en œuvre. J'ai tant aimé l'idée de nos libertés communes ces derniers mois, comme des animaux sauvages, chacun dans son coin de la forêt. Quelle chance de s'y être rencontrés. Toi et moi, ce n'était pas un couple, c'était l'espace entre nous deux, notre lieu dans la forêt, celui qui nous rassemble. Celui où nous serons toujours sans y demeurer.

Depuis mon naufrage émotionnel des derniers mois, j'ai fui les relations, j'ai connu la dépression sévère, l'envie de mourir aussi parfois, la trahison de la personne que je pensais être le père de mon noyau familial, j'ai souvent abandonné l'humain, décidé de ne rien attendre de personne, et pourtant, au milieu de tout ça, il y a eu toi. Merci d'avoir été là et de m'avoir aidée à grandir. Merci de m'avoir appris à laisser les fantômes derrière, et à ressentir la douceur de ce qui est. Merci de nous avoir laissés nous approcher de manière légère et solide, libre et vraie, pour ce que nous sommes et pour ce que nous devenons. Et cette nuit, demain, dans un an, proches ou éloignés, différemment, je serai toujours là pour toi.

Merci d'avoir aussi écouté mes tornades intimes, de m'avoir soutenu comme tu l'as fait, avec une empathie et une compréhension sans limite. Ça m'a aidé plus que de raison. Désolé de t'avoir infligé mes fardeaux par moments, je me doute que ça n'a pas dû être facile de les entendre et de les vivre alors que tu traversais toi-même des naufrages. On a eu une chance insolente, ce soir-là, de nous croiser. Ce n'est pas un au revoir qui doit nous rendre tristes. Soyons plutôt reconnaissants. Je le suis en tout cas.

Vous allez me manquer, toi et tes magnifiques messages de magnifique personne qu'on voudrait avoir l'espace d'aimer.

Je n'ai pas envie de te laisser, tu sais ? On va essayer de trouver une place dans la vie l'un de l'autre. Je vais tout faire pour. À très bientôt.

JOURNAL INTIME

[Le lendemain]

16 h 16. *Toutes ces personnes qui vont faire de l'escalade en salle, leur arrive-t-il d'aller pratiquer en extérieur ? Ou restent-elles agrippées à des voies bien tracées ?*

J'ai dit au revoir. Et cette fois, la terre ne s'est pas ouverte sous mes pieds. Est-il donc possible de quitter sans mourir ? J'ai dit au revoir et je pleure un peu, mais je souris en même temps, et mon cœur est bien accroché. Vaillant. Ma peau s'est épaissie. Hors de question qu'elle laisse le chagrin la perforer cette fois-ci. J'ai dit au revoir et je ne suis pas abandonnée. Je ne me suis pas abandonnée.

CHAPITRE V

LES INTERSTICES DE L'ATTRACTION

JOURNAL INTIME

[Trois semaines plus tard]

17 h 12. *Niveau de concentration : zéro.*

J'ai libéré une place dans mon cœur, et je découvre la pièce comme après un emménagement. Je pousse les meubles, je soulève les tapis, je range les cartons. Et dans ce grand chambardement et ce vide nouvellement créé, je me retrouve face à un mélange d'émotions, anciennes et nouvelles. Elles ne sont pas toujours très agréables, mais je sais désormais pourquoi elles me font mal. Ce matin je me réveille et je ressens de la colère. Une colère profonde que j'avais jusqu'ici ignorée, parce que je lui préférais la mélancolie et la tristesse. Parce que je fermais les yeux et les oreilles, aussi. Avec mes sens aux aguets, sans filtre, je perçois et comprends les coups bas, le manque de considération, de respect, je perçois la toxicité, la violence aussi, parfois. Ce matin, je ressens une colère profonde contre Lewis qui revient comme un boomerang me lacérer le visage. Puis, j'ai un peu mal aussi de ne pas me sentir choisie par Lamine. Mais est-ce que c'est lui qui ne m'a pas choisie, ou est-ce que c'est moi qui ai été attirée par lui précisément parce que c'était une situation instable qui allait forcément déboucher sur une prise de décision compliquée ? J'ai parfois l'impression que, tant que je ne soignerai pas ma blessure d'abandon en profondeur, je rejouerai en boucle des relations qui m'y confronteront.

[Deux jours après]

18 h 12. *Est-ce que mon psy enregistre nos séances ? Est-ce comme ça qu'elle se souvient de tout à chaque fois ?*

Je sors de ma séance chez le psy et je crois que j'entre dans une nouvelle étape du deuil amoureux. Habituellement, à la suite d'une rupture, la colère arrive juste après le choc et le déni. Chez moi, elle a un train de retard. Elle a préféré laisser place à la tristesse, elle savait qu'elle aurait besoin de se répandre. Jusque-là, j'avais refusé de la voir et de la laisser me traverser, comme si elle avait quelque chose de honteux. Comme si cette perte de contrôle était un signe de faiblesse. Ou plutôt un signe de responsabilité : si j'accepte d'être en colère, cela signifie que j'ai des raisons de l'être, cela signifie donc que j'ai toléré des choses que je n'aurais pas dû, et que je suis, par là même, responsable de ce qui m'arrive. Je crois que ça me renvoie aussi à une position de victime qui me déplaît. Être en colère, c'est accepter d'avoir été maltraitée. C'est étrange, car on a pourtant tendance à penser qu'être en colère, c'est se battre. Alors que je le ressens comme un échec. Je ne comprends pas à quel moment mes repères ont été à ce point déglingués.

[Quatre jours après]

16 h 16. *Dans la voiture sur le chemin du retour. Plus de batterie dans nos téléphones, est-ce ainsi que la vie bat son plein ?*

Trouville avec Samia ces derniers jours. Bu beaucoup de cidre. Mangé beaucoup de crêpes. C'était comme mettre la vie sur pause. Samia, c'est un refuge. Sans date de péremption.

[Une semaine après]

02 h 15. *Insomnie. C'est quoi la technique, pour dormir ? Quelqu'un peut m'expliquer ?*

J'ai traversé la semaine non plus comme un fantôme, mais comme une tornade. Je pleure le soir dans mon lit, mais ce ne sont plus des larmes de tristesse ou de dénuement, ce sont des larmes de rage. J'ai envie d'enfoncer mes poings dans mon ventre pour que ça me fasse mal, pour que ce soit juste d'avoir mal.

Je crois que c'est de la haine. Je voudrais tout déverser, mais je ne sais pas comment faire. Je me fais peur. Cette rupture ne fait que déverrouiller des pans de ma personnalité que je ne connaissais pas, et je ne sais pas quoi en faire. Pendant de longs mois, j'ai fermé les yeux. Pour me protéger, sans doute. Parce que je savais que je ne pourrais encaisser un chagrin de plus. Depuis que la colère est revenue, je vois les choses sous un autre prisme. Je perçois les mécanismes toxiques de notre lien. Auxquels j'ai contribué, également. Et c'est peut-être ça le plus dur. Je suis en colère, et pas seulement contre lui, mais aussi contre moi-même. Parce que j'ai accepté. Parce que je me suis fait mal. Parce que j'ai trop laissé durer. Parce que je me suis abîmée.

Y'a pas que la tristesse qui fait mal. La colère, ça ravage. Avant, je devais aller en manifestation l'éprouver. Maintenant, je marche seule dans les rues et je n'ai besoin d'aucune foule pour ressentir la profondeur de ma rage. Je voudrais calmer cette machine. Qu'elle me laisse souffler. Je cherche un peu d'immobilité. J'ai pas envie de me battre. Ou plutôt si, j'en meurs d'envie. J'ai envie qu'on amène Lewis sur un ring et que je puisse lui faire mal. Mais dans mes rêves, chacun de mes coups, peu importe l'élan qui les précède, se transforme instantanément en caresse. Et mon père regarde la scène, amusé.

Je rêve beaucoup de Lamine, aussi. Je le cherche inlassablement dans une fête à laquelle il ne vient jamais. Il me manque, ça me fait un peu mal, mais je sais pourquoi.

[Le lendemain]

17 h 17. *Même pas au cimetière.*

J'ai demandé à Samia pourquoi je me sentais toujours bloquée. Elle m'a répondu : « Parce que tu es toujours en deuil ».

À Lewis

[Deux semaines après]

18 h 45

Tu ne dois sûrement pas t'attendre à recevoir ce message mais, avec le temps, je réalise que j'ai besoin de te dire certaines choses pour avancer. Ça risque de ne pas forcément être très agréable à lire, j'en suis désolée par avance.

Tu sais Lewis, on ne m'a jamais blessée comme tu l'as fait, et la profondeur du chaos que j'ai traversé après notre rupture en est une manifestation concrète. Il y a plein de choses que j'avais mises sous le tapis qui remontent, d'autres que l'on me rapporte même si j'essaie de fermer les écoutilles sur tout ça parce que je ne veux pas souffrir plus encore, et parce que je n'ai pas envie de voir ton image déformée. Toutes ces inconstances, ces incohérences, ces mensonges, cette lâcheté, ces chantages affectifs, ces ultimatums émotionnels… Ça brise une personne. Je pensais être passée à autre chose, mais ce n'est toujours pas totalement le cas, je ne cesse de ressasser et ça ne me laisse pas être en paix. À côté de cela, je te vois avancer et tout faire pour combler ce vide que tu portes en toi et qui déborde, pour oublier, pour ne pas te retourner ; tu cours pour sauver ta peau en reproduisant les mêmes schémas à l'infini, sans te soucier des répercussions de tes choix. Si tu te retournais, tu verrais tous les dégâts que tu fais sur ton passage. C'est le marathon du déni. Tu sais Lewis, j'ai toujours tout fait pour être une maison rassurante, une maison d'apaisement pour toi, même à la fin de notre relation. Quand toi tu n'as fait que me planter des poignards dans le cœur et le dos. Tu venais seulement prendre ce dont tu avais besoin, tu venais piocher, comme si tu étais au marché. Mais là on ne parle pas d'étalages de légumes, on parle de moi, d'une putain d'humaine qui t'a aimé et porté durant des années. Tu as dessiné des scénarios construits de toutes pièces qui se révèlent avec le temps être des mensonges et je dois survivre de mensonge en mensonge alors que tu étais le pilier de ma vie. Et je ne comprends pas comment on a pu vivre cette histoire tous les deux, comment on peut parler de la même histoire toi et moi, comment on a pu vivre cet amour ensemble, si on parle bien du même, et que tu aies pu faire tout ça. Je t'en veux autant que je m'en veux. Il n'y a plus grand-chose à tirer de notre lien. Je ne te souhaite pas de mal mais j'avais sincèrement besoin d'exprimer tout ça. J'espère que tu trouveras les réponses que tu as besoin de trouver. J'espère que j'en guérirai.

JOURNAL INTIME

[Quatre jours après]

00 h 12. *Toilettes d'un appartement que je ne connais pas. La fête bat son plein, tout comme ma tristesse.*

Parfois, on vide son sac et on ressent tout de suite un soulagement, quelque chose dans le cœur qui se débloque et l'allège instantanément. D'autres fois, on se sent encore plus vulnérable, comme si une part de soi avait été donnée à l'autre et qu'on ne savait pas comment faire pour la récupérer. J'ai vraiment pensé que c'était une bonne idée d'écrire à Lewis pour faire le tour de ma colère et l'expulser, pensant naïvement que ce serait une forme d'antidote. Avant de le faire, je me sentais plutôt en paix avec l'idée qu'il pourrait potentiellement ne pas me répondre. Je pensais le faire pour moi. Et pourtant, après quatre jours sans aucune réaction de sa part, je crois que quelque chose est en train de s'endurcir en moi. C'est terrible, de se montrer si vulnérable et de ne récolter que le silence. Ce n'est pas sans me rappeler mon père. Ça fait mal de se retrouver de nouveau nue sur la banquise.

[Deux jours après]

16 h 15. *Salle d'attente chez la psy.*

Le pouvoir du silence, c'est vraiment quelque chose de déroutant. À l'avenir, je me souviendrai que, si je veux atteindre quelqu'un, le silence est plus tranchant que n'importe quel mot. Après plus d'une semaine sans réponse à mon message, j'en viens à douter de tout. De ce que j'ai formulé, de ce que j'ai pensé, de ce que j'ai ressenti. Le silence a presque tué ma colère, et maintenant, je me sens bête de lui avoir écrit. Mille questions me traversent : mon indignation est-elle vraiment légitime ? Va-t-il me trouver injuste ? mes mots étaient-ils inappropriés par rapport à la situation ? n'ai-je pas dramatisé les choses ? C'est terrible de constater que j'attends encore qu'il vienne valider ma colère pour être sûre que celle-ci soit légitime.

Lewis

[Une semaine après]

21 h 45

Effectivement je ne m'attendais pas à recevoir un tel message, et c'était sûrement naïf de ma part. J'ai dû le relire plusieurs fois pour arriver à y répondre. J'ai dû le laisser reposer. Ça n'a pas été facile.

J'ai compris ce que tu me reprochais, j'ai compris ce que j'avais mal fait, ce que je fais mal encore, avec toi et avec les autres personnes que je côtoie, je n'ai pas changé d'un pouce. Parce que c'est plus facile d'aborder les problèmes dans ce sens, parce que je n'ai pas le courage ni la force de me plonger en moi, en mes défauts et en mes faiblesses. Tout ça, je l'ai compris. J'ai érigé une barrière émotionnelle entre le reste du monde et moi : je n'écoute plus de musique, je n'écris plus de déclarations d'amour, je ne me répands plus en sentiments. Je vis au jour le jour, pragmatique, dissocié de mes émotions : c'est ma manière à moi de survivre. Te lire m'a forcé à me reconnecter à moi-même.

Aujourd'hui se dresse entre nous un mur de colère et je ne sais pas ce que je dois en faire. Je n'ai pas les épaules pour y répondre. Comme si je n'avais pas la place pour accueillir ces émotions et les traiter. Je n'ai déjà pas assez de place pour les miennes… C'est d'ailleurs quelque chose que j'admire beaucoup chez toi : ta capacité à te confronter à tes émotions, aussi douloureuses soient-elles, à te connecter à elles, à essayer de les comprendre, de les partager, pour les soigner. C'est quelque chose que j'admire, mais qui me fait fuir, aussi. Parce que ça me fait me sentir tout petit.

Je vais tout de même essayer de te répondre à la hauteur de ce que je suis capable de faire.

Je ne pense pas être le seul architecte de la toxicité que tu décris. Enfin, c'est même certain, et tu l'écris toi-même. Dans un lien, nous sommes toujours deux. Il n'en reste pas moins que je vis avec une énorme culpabilité au quotidien, même si j'essaie d'avancer. À titre personnel, c'est une blessure qui ne se refermera pas, je vais devoir vivre avec l'idée que je me suis mal comporté et que je t'ai profondément blessée. Et c'est ce qui reste le plus difficile aujourd'hui, plus encore que l'idée de te perdre. J'aurais aimé agir autrement, à la hauteur de la personne que tu es, je n'en ai pas été capable. J'ai honte de moi-même. Et cette honte me fait avancer tête baissée en accumulant les faux pas : à quoi bon bien faire, puisque tout est déjà ruiné ? Tu sais que ce n'est pas dans ma nature de me battre.

Plus je pense aux raisons de notre rupture, plus j'ai du recul sur la situation, et plus je réalise qu'avec le temps, tu es devenue le reflet de tout ce que je suis, de mes faiblesses aussi. Je ne peux pas nier le fait que je suis en fuite. Ça me fait mal de le lire, mais il y a une part de vérité. Vivre à travers les autres, c'est s'oublier, et c'est tout ce dont j'ai envie en ce moment. Pardon de ne pas être à la hauteur. Je voudrais pouvoir t'en dire plus, pouvoir exprimer des choses qui te soulageraient même si rien ne peut être effacé, mais je pense qu'avant de pouvoir m'ouvrir à toi, il faut que je soigne mes propres blessures, que je sois capable de m'ouvrir à moi-même. Et je n'ai toujours pas entamé ce chemin.

J'ai été très lâche, mais cela ne signifie pas que ça n'a pas d'importance pour moi. J'aimerais prendre le temps de t'écrire quelque chose pour tout poser à plat, ça arrivera peut-être dans les semaines qui suivent.

J'espère qu'un jour on saura se pardonner.

JOURNAL INTIME

[Trois jours après]

14 h 12. *Table de la cuisine, face à mon assiette pleine. Aucun appétit.*

C'est comme si j'avais en moi un petit jardin qui portait son prénom. Et même quand je pense que l'hiver arrive et que les plantes vont mourir, il suffit d'un peu de pluie pour qu'il refleurisse. Je ne sais pas comment arrêter de l'alimenter. Je voudrais que ce jardin meure.

[Le lendemain]

16 h 16. *Au parc. Le soleil est revenu.*

J'aime sentir que la tendresse des femmes qui m'ont aimée et soutenue est imprimée dans mon corps. Je ferme les yeux et j'imagine leur étreinte. Je passe ma main sur ma joue, et ça me rappelle les caresses de ma mère pour m'endormir le soir. J'observe ma main et la revois serrée par celle de ma grand-mère. Je me souviens de l'effet que ça faisait d'être assise sur les genoux de mon arrière-grand-mère. Puis je pense aux cheveux de Samia qui se confondent avec les miens lorsque l'on danse tard le soir. Je ne suis jamais seule, leur amour est ancré en moi.

Un jour, on m'a dit que je pouvais prier qui je souhaitais pour demander de l'aide. Je pense souvent à mes ancêtres femmes depuis. J'imagine qu'elles m'habitent et qu'elles sont là pour me guider. Qu'elles me tendent des branches auxquelles me raccrocher.

[Deux jours après]

21 h 21. *Pourquoi les choses ne semblent jamais s'arranger quand on y pense trop ?*

J'étais avec les filles hier soir, et ça ne s'est pas très bien passé. J'avais un sentiment de solitude si profond qui est revenu, alors que je pensais l'avoir surmonté. Depuis que j'ai traversé mes tempêtes, je réalise que j'ai du mal à me connecter avec les personnes qui n'ont jamais connu ça. Ça me rend triste. J'ai l'impression de m'éloigner de mes amies les plus proches. De leur côté, la frustration et l'incompréhension s'accumulent. Peut-être même qu'elles le vivent comme un rejet. Pourtant, mon amitié est toujours la même, et je suis tellement reconnaissante de ce qu'elles m'apportent. Mais, parfois, j'ai peur de ne jamais les retrouver. J'en ai pas mal discuté avec mon psy ce matin, et on est tombés d'accord pour se dire que je ne les rejetais pas, mais que j'ai simplement eu besoin d'aller chercher d'autres regards, d'autres réponses à un moment. Des regards qui ont connu les mêmes ténèbres que moi. J'ai parfois l'impression qu'elles auraient voulu avaler ma douleur, mais c'était impossible. Personne n'aurait pu faire ça pour moi.

Il y a quelques jours, j'ai lu cette phrase, et ça m'a fait penser à Samia : « Vous avez ce don de marquer de votre empreinte les personnes que vous rencontrez ». Parce que tout le travail que j'entame aujourd'hui, je n'aurais jamais eu le courage de le commencer sans elle. Il m'arrive de culpabiliser de ne pas avoir été plus présente il y a deux ans, lorsqu'elle a traversé un moment très sombre de sa vie. Je pense que je n'avais pas saisi l'ampleur de ce qu'elle vivait. Je comprends mieux désormais.

[Le lendemain]

21 h 29. *Est-ce que les parents qui regardent leurs enfants s'imaginent toutes les difficultés auxquelles ils seront confrontés lorsqu'ils deviendront adultes ?*

J'aimerais revenir à l'enfance pour me reprogrammer. Désapprendre le fait de toujours me faire passer après les autres. Je voudrais être mal élevée. Malpolie. Incorrecte. PARCE QUE JE N'EN PEUX PLUS DE DONNER PLUS DE VALEUR AUX ÉMOTIONS DES AUTRES QU'AUX MIENNES.

Je relis sans cesse le message de Lewis. L'empathie a chassé toute colère. J'en viens même à ressentir de la peine pour lui. Je le comprends. Et ça ramollit mon cœur, qui prenait plus facilement de la distance en se lovant dans la rage. Je n'ai pas envie de le comprendre. J'ai envie de le haïr.

[Le lendemain]

15 h 15. *Dans la rue, entre deux rendez-vous, dans les notes de mon téléphone.*

J'ai vu le visage de Lewis partout aujourd'hui, c'était un enfer. J'ai beaucoup de mal à me pardonner de m'être infligé ça. Ça recommence. Je sais pourtant que je ne dois pas oublier tous mes progrès. Avoir des rechutes, c'est normal. Ça ne signifie pas que je n'avance pas. La guérison, ce n'est pas une ligne ascendante parfaite. C'est une roue. Il faut descendre autant que monter pour la faire avancer. Comme une roue de hamster.

Ce soir, je me suis allongée dans mon lit, et j'ai répété cette phrase : « Je me pardonne pour tout ce que je me suis infligé. »

[Le soir même]

23 h 12. *Dans mon lit, que j'ai déplacé en plein milieu de ma chambre, face à la fenêtre, sans aucune explication.*

Quel est cet entre-deux étrange que j'habite à mi-chemin entre l'empathie et la colère et qui n'arrive pas à atteindre le pardon ?

Maman
[Trois jours après]

12 h 34

As-tu eu des nouvelles de ton père ?

Non, toujours rien.

Je sais que c'est très dur, mais je crois que tu n'as pas besoin de ça pour avancer pour le moment. Je suis certaine que tu es sur la bonne voie. Parfois, il faut cheminer seul avant de recevoir des réponses des gens qui nous entourent. Tu mérites tant d'être heureuse et de t'épanouir en toute quiétude. J'ai toujours eu confiance en toi et en tes capacités à rebondir. Si tu as pris quelque chose de moi, ça doit être cette façon d'avancer, coûte que coûte, même quand c'est difficile. Je t'aime si fort, mon cœur. Ferme tes jolis yeux et aie confiance en tes propres capacités à vivre ta vie.

Je ne sais pas quoi ressentir vis-à-vis de papa, c'est tellement confus dans ma tête.

Il faudra à l'occasion que je te raconte un peu son enfance et sa vie avant de t'avoir. Non pas pour justifier ses comportements (que je trouve inacceptables, on s'entend), mais pour que tu puisses mieux les comprendre.

Je crois que je n'en ai pas envie pour le moment. Je lui en veux encore trop.

D'accord ma chérie, rien ne presse et, surtout, rien ne t'y oblige. Tu sais que tu peux m'appeler n'importe quand pour discuter de tout et de rien, dès que tu le souhaites. Je t'aime.

Maman
[Le lendemain]

07 h 12

Et n'oublie pas : tu n'es pas seule, des générations de femmes ont tracé le chemin pour toi !

Je voudrais pouvoir leur parler.

Il ne tient qu'à toi de le faire.

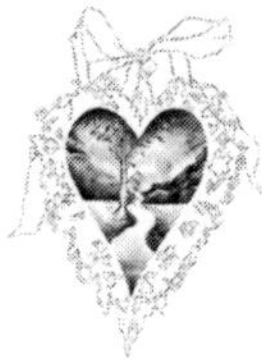

JOURNAL INTIME

[Trois jours après]

18 h 12. *Rue de la Roquette. La mer me manque.*

Je flotte au-dessus d'un océan de silence. Les coraux sont la colère. Le sable, l'empathie. Le sel, le pardon. Je ne parviens à être vraiment en contact avec aucun des trois.

Je suis en salle d'attente, mais le médecin ne vient jamais.

À Samia

[Le lendemain]

16 h 40

C'est quand même fou à quel point, durant ma petite histoire avec Lamine, Lewis me semblait loin.

C'est un peu le risque quand on se remet dans une relation juste après une rupture ; on se sent d'abord apaisé, mais souvent, il y a un effet boomerang, et toute la douleur revient d'un coup. Je sais que c'est difficile de guérir seule, mais je pense vraiment que c'est le chemin le plus sain à prendre avant de pouvoir se prêter de nouveau au jeu de l'amour.

J'ai pas envie de revenir à tout ça.

Plus tu vas revenir dessus, plus ça va s'adoucir. Mais l'ignorer ne fera qu'amplifier le problème.

Ça veut dire quoi, revenir dessus ?

Refaire des tours. Si tu es toujours autant touchée par tout ça, c'est parce que ça touche en toi ta plus grande blessure. Et c'est de cette blessure-là dont il faut faire le tour. Encore et encore, jusqu'à ce que tout soit démêlé.

Parfois, j'ai l'impression que cette histoire va me hanter toute ma vie.

C'est un mensonge ça, tu le sais. Tout change tout le temps, n'oublie jamais. Je sais que c'est exaspérant, mais ce n'est pas aussi profond qu'avant, tu as déjà fait beaucoup de progrès. Ne sois pas si dure envers toi-même.

Nous en sommes à un stade d'amitié où il me faut parler de toi aux autres pour montrer qui je suis.

À Lewis

[Quelques heures plus tard]

18 h 12

Hier, quand j'ai appris que tu voyais quelqu'un d'autre, j'ai eu mal, j'ai respiré, pleuré, puis posé mon téléphone. Il y a quelques mois, je me serais transformée en incendie, je t'aurais envoyé une salve de messages, j'aurais peut-être même essayé de t'empêcher de refaire ta vie. C'est donc ça, « l'acceptation » ? Repenser une dernière fois à ces années partagées, à ces belles promesses, puis songer qu'il est temps de dire adieu, de tirer sa révérence et de ranger tous ces souvenirs dans une boîte ?

02 h 23

Ce n'est pas aussi facile que tu le penses. Tu es encore partout dans les lieux où tu es passée, comme un bout de présent qu'on a laissé au passé. Mais j'essaie d'avancer. De me réparer. Peut-être pas de la bonne façon, mais je fais avec les moyens que j'ai.

Personne ne te remplacera jamais.

JOURNAL INTIME

[Le soir même]
21 h 16. *J'erre dans Pigalle. Je déteste les gens qui s'amusent en terrasse.*

Je le hais. Je traverse les flots avec une ardeur désespérée, je rêve de lui, d'elle, de leurs sexes qui se rencontrent, du mien qui disparaît, et mon cerveau, entièrement aspiré, tente de faire s'évanouir ces images qui le grignotent. Je le hais.

Samia
[Le même soir]

00 h 02

Comment tu te sens ? Je sais que ce genre de nouvelles, c'est souvent une claque.

Je me sens aussi minuscule qu'une miette.

C'est sûrement très naïf mais, au fond de moi, j'étais convaincue que ça prendrait du temps pour qu'il passe à autre chose. Que ça me laissait le temps aussi. Le fait que ce soit si rapide, et d'apprendre que ça fait déjà quelques mois, en comparaison de tout ce que j'ai traversé seule, ça me fait me sentir toute petite. C'est dur aussi le fait de ne pas l'apprendre par lui. J'arrive pas à gérer.

Tu dois surmonter une immense vague. Il va te falloir quelques jours pour digérer l'information et avoir un peu de recul dessus. Tout ce que tu ressens est légitime.

De mon point de vue, son silence ne trahit pas un manque d'intérêt, de considération ou d'amour de sa part. Je pense surtout qu'il a honte. Honte de ne pas parvenir à trouver ses solutions en lui-même, honte d'avoir besoin d'aller trouver les bras de quelqu'un d'autre plutôt que de prendre ses responsabilités et tenter de grandir, honte aussi de ce qu'il t'a fait subir, honte de lui-même, de l'image qu'il a de lui. Il s'engouffre dans une nouvelle relation pour ne pas se confronter à tout ça.

Il l'a dit lui-même : tu es devenue ce reflet qu'il fuit. Tu lui rappelles les meilleures parties de lui ; en somme, tout ce qu'il a gâché. Il a besoin d'aller se réfugier dans un autre regard.

C'est tellement dur d'avoir l'impression d'être la seule des deux à souffrir. Je me sens en paix avec l'idée que nous ayons pris des chemins séparés, mais je n'arrive pas à être en paix avec celle que nous n'habitions plus aucune douleur commune, et que je sois la seule à porter cette peine. C'était le dernier lien qui nous liait.

Laisse-toi du temps. Promis, ça va s'estomper. Tu t'en sors super bien. Respire. Tout va bien se passer. Tu as le courage et le choix de le faire disparaître de ton monde. Tu es puissante et tu as toutes les ressources nécessaires.

Samia

[Le lendemain]

11 h 56

J'ai beaucoup pensé à notre conversation d'hier. Et je voulais te réécrire certaines choses, parce que je sens que tu as besoin de les relire.

Cette nouvelle relation ne veut pas dire que tu es remplacée. Relis-le encore une fois.

Ne te retiens pas prisonnière, tu es libre.

Tu es profondément aimée et entourée.
Respire et essaie de méditer 10 minutes, OK ?

OK. Je t'aime. Je ne sais pas ce que je ferais sans toi.

JOURNAL INTIME

[Dans la nuit]

03 h 12. *Insomnie, deux somnies, trois somnies, quatre somnies, faire… faire quoi ? Toujours insomnie.*

Je ne comprends pas les douleurs qui m'habitent, qui pourra les éclairer ?

Je suis dans une grotte qui ne laisse pas entrer la lumière, quand le monde extérieur regorge de villes illuminées. J'arrive plus à traverser la nuit, je voudrais que quelqu'un vienne me sauver, quelqu'un qui ne soit pas moi, moi je sais pas faire, je sais plus faire, j'ai essayé et je n'y arrive pas.

Je me souviens de chaque instant, j'en garde la trace comme on garde celle, longtemps, d'un baiser qui ouvre le sol sous vos pieds, d'une morsure qui fait autant de bien que de mal. Je me souviens de l'urgence, de la férocité, je me souviens d'avoir frôlé la perte de connaissance, je me souviens des éclairs sous mes paupières, du bruit de mon cœur qui couvrait tous les autres bruits. Je me souviens du calme, après, du calme avant que ça recommence. Je me souviens de cette impression que nous allions nous consumer, que nous allions disparaître dans les flammes et qu'il ne resterait plus rien de nous qu'un lit dévasté et notre chaleur au creux des draps.

Qui pourra m'apprendre qui je suis devenue ?

CHAPITRE VI

CHACUN SON COIN DE LA FORÊT

Samia

[Deux semaines plus tard]

21 h 10

Tout va bien ? Personne n'arrive à te joindre depuis hier soir.

23 h 02

Pardon, il m'est arrivé un truc assez improbable et j'ai complètement laissé mon téléphone de côté. Je suis sortie pour boire un verre au bout de ma rue, et j'ai rencontré quelqu'un. On a passé toute la soirée ensemble, puis on est allés dormir à l'hôtel et, depuis, on ne s'est pas lâchés. Je viens à peine de rentrer à la maison. C'était magique.

Je t'appelle.

À Elliot

[Le lendemain]

09 h 10

Merci pour ces 24 heures aussi inattendues qu'intenses. Je repasse toutes les photos que j'ai prises dans ma tête et c'est exquis.

Quand je me suis réveillé ce matin, ma première pensée a été pour toi. Et, depuis, toutes les minutes vaporeuses qu'il m'a fallu pour rejoindre le monde tangible ont été occupées par ton image.

J'ai (déjà) un peu envie de te revoir.

C'est comme si, à la fin du générique,
il y avait une scène cachée.

C'est cette scène-là.

La question est de savoir si tu es le spectateur qui s'en va pendant le générique ou celui qui est curieux de voir la suite.

J'ai jamais été pressé de quitter la salle.

JOURNAL INTIME

[Le soir même]

01 h 12. *Je me demande s'il vaut mieux que je range mes livres par ordre alphabétique, par couleur ou par taille.*

J'avais un goût d'amertume dans la bouche, comme si tout mon mal-être était venu se loger au fond de ma gorge, puis il est venu et il m'a embrassée. Peut-être qu'après tout, je suis prête à revivre quelque chose. Peut-être qu'on n'a pas besoin d'être soignée entièrement. Peut-être que c'est l'arrivée de quelqu'un dans notre vie qui nous aide à nous soigner en profondeur, et plus rapidement.

Elliot
[Le lendemain]

18 h 14

On se revoit bientôt ?

Bientôt quand ?

J'ai vraiment envoyé ce message ?

Tout est allé trop vite.

Avant-hier, hier matin.

J'ai envie de te voir en slow motion.

Il va effectivement falloir qu'on se revoie rapidement pour expérimenter la relativité du temps.

J'ai vraiment envoyé ce message ?

À Elliot
[Le lendemain]

21 h 21

Y'a toutes tes pensées qui courent sur ma peau très vite dès que je ferme les yeux.

Tu me fais sourire.

Il y a un certain nombre de choses que j'aimerais répondre à cela, mais je commencerai par un : « J'aurais aimé voir ça. »

C'est fou comme c'est bête, voire futile pour d'autres, à quel point j'aime m'endormir en te regardant à travers des mots écrits sur mon écran.

Veux-tu dîner avec moi, après-demain ?

Je n'attends que ça.

À Elliot

[Le lendemain]

10 h 34

Tu sais, les deux fois où je suis remontée chez moi en vitesse pendant que tu m'attendais en bas, je me suis dit que, quand je redescendrais, tu ne serais plus là, tellement j'avais l'impression que tout était irréel. Que tu pouvais simplement disparaître comme ça.

La seconde fois, tu avais ma morsure dans le cou.
Ça ne pouvait pas être un rêve.

J'ai envie de sentir tes hanches.
Sentir, dans le sens de respirer.

Moi, ta nuque, et de la mordiller tendrement.

Je crois que le bain que l'on a pris ensemble était l'un des moments les plus érotiques de ma vie.

Je me souviens d'être tête-bêche dans la baignoire avec toi, puis côte à côte, et j'ai le sentiment qu'on est sortis quand l'eau du bain était tiède.

Je me souviens avoir mes pieds autour de ton cou, tes mains sur mes genoux, c'était si beau comme image, on n'avait besoin de rien d'autre. On savait qu'on avait le temps.

Je pensais pas qu'on pouvait être aussi doux, aussi rapidement, avec une quasi-inconnue.

Je t'avoue que ça ne m'est jamais arrivé non plus. Je n'ai jamais
passé la nuit avec quelqu'un de cette manière, je veux dire, aussi
spontanément. Se parler, s'embrasser, s'enlacer, s'endormir.

Arrêtons cette discussion ici. Je ne tiens plus. On se retrouve demain. J'espère que tu existeras toujours.

JOURNAL INTIME

[Le jour même]

Dans un flux sans heure.

Je me sens tellement légère que je n'ai pas envie d'écrire ici. J'ai envie de profiter des sentiments qui me traversent, sans le poids des mots. À bientôt.

À Elliot

[Le lendemain]

19 h 50

J'ai quelques minutes de retard.

*Quelques heures.

02 h 30

Je viens d'arriver chez moi.

Et tu me manques déjà,
je peux le dire ?

Ça m'a fait une sensation dans le ventre
en le disant, je peux le dire ?

À Elliot

[Le lendemain]

15 h 12

Est-ce que tu sais à quel point je ne fais que penser à toi ?

Est-ce que tu sais combien de fois par heure je lève la tête pour vérifier que tu n'es pas au coin de la rue ?

Est-ce que tu réalises ce qu'il se passe depuis dimanche ?

J'aime bien que tu me poses toutes ces questions. Habituellement, c'est moi.

C'est une maladie chez moi, j'ai besoin de tout comprendre, tout le temps.

Et là, tu comprends ce qu'il se passe ?

Non.

Elliot

[Le lendemain]

00 h 02

C'était tellement bien, cette petite surprise improvisée. Te voir et si longuement discuter. Tu es entrée dans ma vie comme pour me rappeler que l'organe que j'avais au creux de la poitrine fonctionnait toujours.

T'es un amour.
J'espère que tu deviendras le mien, un jour.

JOURNAL INTIME

[Le lendemain]

17 h 16. *Le parc à chiens, c'est vraiment une micro-société. On y observe tous les comportements humains en miniature.*

Je ressens de nouvelles choses. Je crois que ça ressemble aux prémices de l'amour. Plus contrôlé, cette fois-ci. Moins violent. Et ça m'enveloppe de sensations tellement agréables, que j'avais presque oubliées. C'est comme revenir à la vie. Je sens que je suis toujours en processus de guérison, bien sûr, tout n'a pas disparu en un claquement de doigts, mais tout s'adoucit.

À Elliot

[Le lendemain]

20 h 00

Tu sais, par rapport à ce dont je t'ai parlé l'autre soir, je voulais te dire que je commence à me sentir mieux, enfin.

Je suis le catalyseur de quelque chose que tu avais besoin d'extérioriser.

Tu me fais beaucoup de bien, sache-le, mais tu n'as pas à endosser ce rôle. C'est comme si j'avais passé une étape dans ma tête. Il y a peu, je n'étais pas encore prête, la douleur était encore trop forte. Là, c'est différent. Je ne saurais pas trop l'expliquer, mais je suis apaisée. Je sens que mon cerveau et mon cœur sont aptes à recevoir de nouveau. Je pense que tu es arrivé pile au bon moment.

On a tous les deux nos blessures, et j'ai le sentiment qu'on a réussi à les surmonter et que, maintenant, on respire. Profitons de cette longue respiration.

Oui, c'est très important, j'ai encore besoin d'aller chercher des choses en moi, et je ne veux pas être court-circuitée.

C'est ce qui va nous permettre d'avancer dans le bon sens sans rien brusquer, en s'écoutant et en étant là l'un pour l'autre. Je te comprends vraiment, tu sais. Je sais ce que c'est. Ça peut rendre fou, l'amour.

Je sais que tu sais.

Pourtant, j'ai vraiment essayé de mettre ça de côté.

Ça se sent. J'ai tellement essayé aussi ces derniers mois.
J'ai pas toujours réussi.
Mais j'ai construit une petite forteresse
autour de moi pour me protéger.

Des sceaux collés sur ton cœur. J'y toucherai pas, promis.

Je ne sais pas si c'est le cas, mais juste, si tu vois d'autres personnes, dis-le-moi s'il te plaît.

Ça veut dire quoi ?

Que je suis fidèle et que j'aime quand les choses sont équilibrées.

Pour l'instant je n'ai envie de voir personne
d'autre. Je suis plutôt exclusive en amour.

Il faudra que tu me le dises, toi aussi, surtout après
ce que tu m'as avoué, la première nuit
où l'on s'est rencontrés.

Que je ne voulais que des *friends with benefits* ? C'est une utopie, ça. Ça brise les amitiés. C'est jamais équilibré. Je crois surtout que j'ai mal de ce qui m'est arrivé, alors je me protège en disant ça, sans vraiment y réfléchir. Quand tu te brûles, tu n'as pas envie de remettre la main dans le feu. Il faut soit tester d'autres approches, soit se renforcer. J'ai fait mes tests, et j'ai pas encore trouvé de recette miracle. J'ai compris que tout dépendait de moi, de comment je donne, et à qui. Je t'aime bien, et je crois que j'ai très envie de te donner.

Je suis en plein voyage intérieur aussi, j'essaie avec bienveillance de laisser la vie me surprendre, malgré mes certitudes. J'essaie de ne pas chercher à tout comprendre, juste vivre et avancer, tant que je sens mon cœur battre.

J'ai tellement envie de sentir ton cœur battre.

Elliot
[Le lendemain]

10 h 10

Je ne pense qu'à ça depuis mon lever.

À te recoucher ?

À te retoucher.

Elliot

[Le lendemain]

03 h 40

Bon, je vais me coucher. Ça aurait dû être le cas depuis 4 heures, mais il se trouve que tu existes.

Avec toi, c'est l'incendie des émotions.

JOURNAL INTIME

[Dans la nuit]

03 h 14. *Dans le lit, sans pyjama.*

J'ai du mal à m'endormir, car je virevolte dans mon lit. Je ressens quelque chose qui me fait penser à l'amour. Et j'en suis avide. J'ai envie de manger L'AMOUR jusqu'à ce qu'il n'en reste rien. Je ne sais rien faire d'autre que ça, dans cette vie. Je veux dire, AIMER. Plus J'AIME, et moins ma tête n'a d'espace pour mes plaies.

Lamine
[Deux jours après]

19 h 34

Je serai de passage à Paris demain. Veux-tu que l'on dîne avant de tous se retrouver à la fête ?

Je suis très décousue en ce moment, mais j'aimerais beaucoup venir trinquer avec toi avant d'aller danser !

Décousue ?

Je veux dire, par monts et par vaux.

Ça, c'est d'être restée trop longtemps immobile (et c'est une très bonne nouvelle).

JOURNAL INTIME

[Le soir même]

20 h 20. *Un réfrigérateur, ça se nettoie tous les combiens ?*

Lors de notre dernier entretien, mon psy m'a demandé si j'avais vraiment envie de tranquillité. Je n'ai pas su répondre. Quand je rentre dans le Sud, dans ma famille, j'observe la vie des personnes de mon âge. Elles semblent stables, ancrées, posées. Certaines sont mariées. D'autres ont des enfants. Leur maison est bien rangée. J'ai toujours su que je n'aurais jamais cette vie-là. Que la mienne serait décousue, éparpillée, à contre-courant. Pourtant, je nourris un imaginaire dans lequel j'aime aller me réfugier, quand je me sens inquiète. Dans cette vie parallèle, j'ai exactement le même âge, mais j'ai un frigo américain, un sèche-linge, une voiture Espace, que j'utilise pour aller faire des courses dans un hypermarché une fois par semaine, j'ai une liste de courses, je congèle ce dont je ne me sers pas tout de suite, un mari et des enfants. Dans cette vie-là, on dîne tous les soirs à 20 heures devant le JT, les enfants débarrassent la table, et je suis au lit à 23 heures, avec un masque sur les yeux, juste après avoir activé l'alarme qui me réveillera pour aller au bureau le lendemain.

Dans ma vie actuelle, mon frigo est vide, puisque j'irai encore dîner dehors ce soir. Je n'ai pas le permis, aucun horaire à respecter, et j'ai du mal à me passer de la validation apportée par les garçons pour me sentir en sécurité. Ça me fait autant sourire que pleurer.

Elliot

[Le lendemain]

19 h 13

À ce soir, parfait petit être.

<3

04 h 32

Profite de la fin de cette soirée, je te l'ai pas assez dit, mais tu étais magnifique.

Je suis en train de rentrer, je te le dis pour que tu ne t'inquiètes pas. Je suis plus sage que je ne parais.

Tu n'as pas à me rassurer, j'aime comme tu es, sage ou pas sage, ça me fait du bien.

Qu'est-ce qui te fait du bien ?

De sortir de ma zone de confort avec toi.

Je parais très assurée, mais j'ai peur de tellement de choses, tu sais.

Tu as peur de quoi ? Tu fais très attention à ce que ça ne se voie pas.

Mon assurance, c'est une protection, comme une barricade, une forteresse.

C'est ce que je te disais : passé une certaine heure, tu la fais tomber, tu es nue, et je te vois.

Et tu aimes quand je suis nue ?

Sous toutes tes formes, oui. On n'a pas besoin de tout se dire. On se devine. C'est si beau de se voir. Fais ce que tu veux de ta forteresse, mais installe un pont-levis pour garder un accès.

JOURNAL INTIME

[Le lendemain]

13 h 34. *Quand on est en gueule de bois, est-ce que tout l'alcool ingurgité la veille vient se loger dans le front ?*

C'était une effusion de sentiments et d'émotions. Mais, aujourd'hui, tout retombe un peu. Je crois que je me suis sentie un peu coupable vis-à-vis de Lamine, même si notre situation est réglée depuis un moment. J'espère ne pas m'être mal comportée ou lui avoir fait de la peine. Peut-être que je devrais lui écrire, mais je ne sais pas bien comment faire. Il y a quelque chose de très rassurant et réconfortant dans mon lien avec Elliot. Plein d'amour, aussi. Mais quelque chose en moi a un besoin avide de liberté. Je ne sais pas bien comment démêler tout ça.

À Lamine

[Le lendemain]

12 h 34

Bonjour toi, je me sens un peu nulle et je ne sais pas comment t'en parler.

Tu sais, tu n'as pas à être gênée si tu as des histoires avec des garçons, en ce moment. Et même si je suis là, il n'y a aucun problème de mon côté. Je veux juste que tu fasses des choses qui te font du bien. Si c'est le cas, ça m'emplit de joie. Je ne veux pas que ça affecte notre beau lien, que ça t'embarrasse, ou que ça nous empêche de continuer à nourrir notre amitié.

Merci. Je me sentais un peu nulle après vendredi soir, j'ai eu peur de te faire de la peine. Je voulais attendre que l'on se voie pour en parler.

Pas du tout, notre lien n'est pas de ce type selon moi, mais au-delà de ça, non ?

Ça me soulage énormément.

Alors, raconte-moi comment ça se passe avec ce garçon ? Est-ce qu'il te rend heureuse ?

Pour l'instant oui, vraiment. C'est très rafraîchissant, et je me sens en sécurité je crois. Ça me fait beaucoup de bien.

Ça me rend vraiment très heureux de lire cela.

Et toi, comment ça se passe avec Noa ?

On se prépare à une rupture qui me semble de plus en plus inévitable. Mais je tiens le bon bout.

Veux-tu qu'on aille prendre un café pour discuter de tout cela ?

Avec plaisir ! Demain après-midi ?

Parfait.

Elliot

[Le jour même]

20 h 15

Je relis nos messages d'hier soir. C'était intense.

Je t'ai dit des choses que je n'avais jamais réussi à formuler jusque-là.

Si j'étais toujours aussi pertinent que dans nos échanges à 5 heures du matin, ma vie serait plus facile !

Quand on rentre dans cette spirale à des heures aussi tardives, nos cerveaux se synchronisent et c'est émouvant d'assister à cette danse cérébrale.

Ça m'a fait quelque chose de relire tout ça. J'aimerais te le dire en vrai. Mais c'est bien aussi, par messages. Et je sais que c'est important pour toi.

Il y a des choses trop précieuses pour être dites. Et moi, j'apprends encore à parler.

Tu n'y arrives pas toujours ?

De mieux en mieux. Mais avant, pas du tout. C'est l'écriture qui m'a sauvée.

Explique-moi.

J'ai jamais su parler, je ne sais pas pourquoi. Quand j'étais petite, je déposais des lettres destinées à ma mère sur la table de la cuisine, avant de partir à l'école. C'était mon seul moyen de communiquer. Je pense que j'étais trop émotive. Aujourd'hui, ça va mieux. Mais il y a peu de temps, il m'arrivait encore d'écrire à mes partenaires quand on s'engueulait, alors que j'étais en face d'eux. Parce que ma parole était comme bloquée dans ma gorge. C'était très douloureux.

Ma mère, je ne peux toujours pas lui parler, je veux dire, de sujets importants. Je suis très pudique avec elle. On a gardé cette habitude de s'écrire. Et quand on se parle, on fait abstraction de nos écrits. Comme si nous avions deux niveaux de communication.

Dans le texte, il y a des creux à combler, c'est comme un jeu. Et j'aime bien y jouer. Tu me donnes envie d'écrire, et je crois que j'aime ça.

JOURNAL INTIME

[Le soir même]

23 h 23. *Au bastion (dans le lit).*

Mon chagrin, c'est tout de même un sujet que je ne parviens toujours pas à totalement éviter. Il prend moins de place, certes. Mais il est toujours là. Il occupe un peu l'espace. Un espace que j'aimerais parfois plus léger. Mais bon. J'aime désormais avec un cœur qui a 30 ans.

À Lamine
[Le lendemain]

18 h 45

C'était vraiment trop chouette ce moment passé avec toi.

Je suis tellement fier de la plasticité de notre lien,
et de comment il évolue.

Et je suis persuadée qu'on va encore le renforcer.
Merci d'être autant à l'écoute.

Merci à toi aussi, ça m'a fait beaucoup de bien d'avoir pu
te confier les méandres de mon cœur.

JOURNAL INTIME

[Le soir même]

11 h 16. *Dans le métro, étrangement calme.*

Nous sommes en train de devenir amis avec Lamine. Je découvre avec bonheur que toutes les relations amoureuses ne sont pas condamnées à disparaître, mais peuvent évoluer, se transformer, sans sensation d'arrachement, sans abandon.

[Le lendemain]

17 h 17. *Assise à mon bureau, face à ma chambre.*

Ma chambre, elle m'appartient. Elle est à moi. Dedans, il y a mon lit. Mes livres. Mes draps. Mes souvenirs. Chaque personne qui l'a visitée y a laissé une part de soi. Et est repartie avec une part de moi-même. Depuis Lewis, je n'ai ramené aucun garçon chez moi. J'ai trop peur que son empreinte disparaisse, remplacée par celle de quelqu'un d'autre. Il y a encore certaines choses auxquelles je m'accroche, que j'ai du mal à laisser partir. Et pourtant, je ne veux pas que ma chambre soit colonisée par son amour.

À Elliot

[Le lendemain]

10 h 10

Je crois que le moment est venu.
Voudrais-tu venir chez moi ce soir ?

Si tu t'y sens prête, oui, avec grand plaisir. Je veux qu'on aille à ton rythme.

Je me sens prête. Je voulais juste te dire : il y a encore pas mal de choses liées à ma dernière relation ici, c'est la première fois qu'un nouveau garçon y vient. Je vais faire un petit tri avant que tu arrives, mais je m'excuse par avance si tu tombes quand même sur quelques traces du passé.

C'est ta vie, c'est chez toi, ne t'en fais pas. Merci de le dire, ça me touche. C'est une étape importante, un morceau de ta forteresse qui s'égratigne.

Merci de venir jusqu'à moi. Je me sens prête.

Elliot
[Le lendemain]

15 h 12

On se dit plein de belles choses, ces temps-ci. Pas de filtre, mais de la pudeur, parfois, surtout quand on se dit les choses sans parler. C'est comme cette gorgée d'eau bien fraîche l'été, après une longue balade ensoleillée : on a l'impression de l'attendre depuis 10 ans, on ne fait qu'y penser, on l'idéalise, on la désire, on se rappelle toutes ces fois où on en avait entre les mains mais qu'on n'en voulait pas, et quand finalement on arrive à la maison, on n'est pas déçu ; l'eau ne déçoit jamais. Je me sens un peu à la maison, quand je suis avec toi. Merci de m'avoir laissé entrer dans la tienne.

Elle est comment, ta vision de l'amour ?

Là, maintenant ?

Oui.

Elle est avec toi.

JOURNAL INTIME

[Le lendemain]

14 h 12. *Pourquoi est-ce au printemps que tout renaît toujours ?*

Je voudrais que les vagues de la Méditerranée enveloppent mon corps. Je veux me sentir vivante dans les remous, dans la mousse blanche, sous le soleil, à l'endroit précis où le ciel s'oublie dans la mer. LA VIE REVIENT TOUJOURS NOUS HABITER. On ne m'avait jamais dit qu'on pouvait mourir plusieurs fois dans la partie et chaque fois revenir. Un jour l'on pense qu'on ne pourra survivre sans un être. Le lendemain, on accepte qu'il soit un souvenir.

Je crois que je commence enfin à réussir à dire au revoir.

À Elliot

[Le lendemain]

20 h 12

J'arrive à manger de nouveau. Et avec appétit.

Tant que tu es bien dans ton corps, je suis bien dans le tien.

À Maman

[Le lendemain]

17 h 12

Je crois que je suis en train de retomber amoureuse. Et ça me fait un peu peur.

J'ai mis 9 mois à former ton cœur. Ne laisse personne le détruire de nouveau en 10 secondes.

Elliot
[Le lendemain]

23 h 21

À quoi tu penses ?

À tes yeux noirs au-dessus de moi, à tes dents sur mes lèvres, à l'électricité de ton corps contre le mien, à nos souffles mélangés, au silence de cette pièce, à nos vêtements abandonnés, aux draps défaits. Et toi ?

Je pense à ta voix, je pense à tes mains, je pense au bas de ton ventre, je pense à tes seins, à nos souffles qui ralentissent. Je pense à la pudeur revenue, et à la pièce froide et vide que nous avons laissée.

JOURNAL INTIME

[Le lendemain]

17 h 12. *Dans les notes de mon téléphone.*

Ça ressemble à de l'amour. Et cette idée est apaisée en moi. Le lieu dans lequel elle gît est serein. Aucun combat. Aucun essoufflement. Aucune avidité. Juste de la patience, du calme et de l'apaisement. Du soulagement aussi, peut-être. Ceci peut exister. Il y a toujours des brèches qui portent le nom de Lewis. Mais j'arrive à ne plus m'y jeter trop longtemps et trop fort. Je les observe d'en haut.

À Elliot

[Le lendemain]

02 h 12

Je m'apprête à dormir. Merci d'être venu ce soir. J'espère que ce n'était pas trop prenant, malaisant ou éreintant pour toi, cet effort social. Je ne veux jamais que tu te forces pour moi. Je peux comprendre que ma sociabilité ne soit pas la tienne. En tout cas, pour ma part, ça m'a fait extrêmement plaisir que tu sois là. C'était doux. Je t'embrasse très fort et j'espère que le réveil ne sera pas trop dur.

08 h 10

Je me réveille avec une petite barre au crâne, mais tes mots arrangent tout. Ne t'en fais pas, je me plains un peu mais, finalement, je n'étais absolument pas mal à l'aise. C'était une très bonne soirée. Merci de m'avoir fait profiter de ton monde, de ton électricité et de ces moments d'intimité. Je me suis senti chez moi dans cette foule, avec toi.

Elliot

[Un peu plus tard dans la journée]

21 h 23

Je crois que notre petite sortie d'hier n'est pas passée inaperçue, et je ne sais pas ce que tu en penses.

Toi, ça te tracasse ?

Non, c'est juste que je préfère qu'on reste maîtres de ce qu'il y a entre nous.

Ça veut dire quoi ?

Que notre relation nous regarde.

Je m'en veux un peu d'avoir choisi cet endroit, il est vrai qu'il allait être difficile de garder notre relation secrète en nous rendant là-bas.

J'ai passé une très bonne soirée, si j'ai dit oui, c'est que c'était réfléchi. J'ai hésité et je connais le prix. J'étais heureux à tes côtés, je ne regrette rien. J'aime cette espèce de secret, seuls dans la foule, c'est fragile et tellement beau. Il faut qu'on arrive à le préserver.

Revenons à une certaine discrétion alors, c'est peut-être mieux.

Tout dépend de ce que toi tu veux.

Je suis partagée entre le fait de vouloir que tout ça reste très secret, et le fait de vouloir vivre sans me poser de questions, parce que nous sommes libres. Je pense que tout ça est nouveau et qu'on doit le préserver et prendre notre temps. Vivons ce que l'on veut vivre sans trop nous priver, mais avec quelques précautions en plus.

Tu as raison, on pense la même chose.

Cette conversation m'a un peu stressée. J'aime bien ne pas y penser, aux autres, aux ex, aux regards, aux qu'en-dira-t-on.

Pardon, j'y suis sensible aussi, alors je t'en ai parlé. Je veux nous protéger et en profiter, tout en gardant le contrôle. Ne t'en fais pas. Je suis certain que ça va bien se passer.

Mais pourquoi y sommes-nous sensibles ?

Parce qu'on évolue dans des microcosmes et que tout va vite, parce qu'on a eu des histoires marquantes, parce qu'on a 30 ans. Ne te rends pas malade à cause de ça. Comme on le disait hier soir, il n'y a pas de modèle, juste des situations qui arrivent. Embrassons cette situation comme la berge embrasse le courant.

Il faut que je t'avoue un truc.

Oui ?

J'ai envie de te voir.

Je peux t'avouer un truc ?

Oui.

Moi aussi. On se retrouve ce soir ?

Oui.

JOURNAL INTIME

[Le soir même]

23 h 23. *Est-ce que les gens qui accrochent des cadenas sur les ponts se sentent en sécurité ?*

Les définitions m'inquiètent. J'ai envie de vivre mes liens sans poser de mots dessus. Il faut pourtant tout classer, ranger dans des dossiers et, souvent, ceux-ci me semblent trop étroits.

Tout à coup, j'ai l'impression d'avoir du mal à respirer. ET POURTANT, j'ai un besoin de sécurité tellement fort que je me verrais mal évoluer sans aucun label, dans cette jungle sentimentale et émotionnelle. À croire qu'il n'y a aucune solution parfaite. Parfois, je me sens simplement comme un paradoxe sur pattes. Je voudrais qu'on me prenne la main et qu'on me guide. Tout en sachant pertinemment que je ne le supporterais pas.

Elliot

[Le lendemain]

08 h 12

Désolé pour hier soir, j'aborde tous ces sujets pour mettre les choses au clair et que tu puisses mettre tes limites, même si je n'ai pas envie que l'on perde en légèreté. Parce qu'après tout, ce n'est que le début.

Non, ne t'excuse pas, j'y ai beaucoup pensé, car je n'ai pas envie de te créer des soucis, ou que ce soit trop lourd à gérer pour toi. C'est ainsi que l'on préservera cette légèreté, et non en évitant des sujets de conversation importants. C'est aussi ça, apprendre à se connaître.

Tu ne me crées aucun souci ; ils existaient avant toi, et c'est la situation qui les fait ressurgir. J'ai 30 ans maintenant, et j'ai vraiment envie de régler ces problèmes que je traîne depuis bien trop longtemps.

Quels sont les soucis dont tu veux parler ?

Je ne suis pas jaloux, mais je suis dépendant affectivement, et ça, ça peut être toxique. Donc je te le dis pour que tu comprennes ce qui cloche chez moi et que tu t'en protèges. J'en suis conscient, je bosse dessus, mais je ne veux pas te faire du mal ou que tu en souffres, parce que ça me rend malheureux d'être comme ça, alors que toi, tu ne m'apportes que du positif.

Pour l'instant ça ne me fait pas de mal, mais prends le temps dont tu as besoin pour guérir de ce que tu dois guérir. Je ne veux pas être un déclencheur, dans le sens où je ne voudrais pas réveiller chez toi un certain mal-être, ou que tu te sentes enfermé en ma présence.

Ne t'en fais pas, tu me fais beaucoup de bien. Je me suis enfermé moi-même dans ces mécanismes, mais je veux en sortir. Cela exigera du travail et de la patience, mais je sais que je peux y arriver grâce à ta bienveillance.

Sage décision.

JOURNAL INTIME

[Le soir même]

21 h 56. *Dans ma cuisine. L'ampoule vient de sauter.*

Je rêve de protection exacerbée, qu'on m'aime à en crever, et à la fois de liberté, pouvoir marcher sans aucun amour pour me porter ou m'entraver. Je ne sais plus si l'amour protège, libère ou enchaîne, ni si j'ai envie d'être libérée, protégée ou enchaînée. Chaque modèle me fait envie autant qu'il me terrifie. Je ne sais pas comment avancer mes pions, ils semblent chaque fois amputés de quelque chose que je ne parviens pas à identifier. J'ai besoin de me sentir vivre très fort, la douleur était tellement grande les mois d'avant qu'il y a comme une forme d'accoutumance aux sensations et émotions extrêmes ; maintenant que j'ai refait surface et que je ne suis plus en mode survie, je ne sais plus où trouver ce puits d'intensité. Tout ce qui me rassure ne me fait pas me sentir assez vivante, alors que j'en ai terriblement besoin. Me sentir liée à quelqu'un me terrifie, j'ai envie de parcourir mon espace comme bon me semble, mais être sans attache me terrifie encore plus. Comment trouver le juste milieu, pour me sentir indépendante mais pas abandonnée ? J'ai envie de fuir tout en étant enlacée.

CHAPITRE VII

LES INCENDIES

À Lewis

[Trois semaines plus tard]

01 h 04

Et, là, tu t'assois juste à côté de moi, au théâtre. Par hasard. Après des mois à rafistoler mon cœur avec beaucoup trop de scotch, il explose. Je ne sais pas si c'est de joie de te revoir ou de colère. Je ramasse les morceaux, encore. Par des coups d'œil furtifs, je mets à jour mon imagier : tes mains, tes doigts, ta bouche, tes oreilles, les boucles de tes cheveux, ta nuque, ta bouche, tes cils, ta gorge, les plis autour de tes yeux, ta bouche encore, ta bouche, ta bouche, ta bouche… Je me refuse à sentir ton odeur. Il n'existerait pas de colle assez forte pour recoller ce qu'il resterait de mon cœur.

02 h 40

Il m'est arrivé d'écrire des lettres en pensant à toi, pour me soulager. T'avoir revue m'a fait un choc. C'est terrible de te voir redevenir une inconnue à qui je ne devrais accorder aucune importance. Je ne m'autorise jamais à penser plus de quelques secondes à toi, alors t'avoir là, tout près, plus de deux heures à quelques sièges d'intervalle, ça m'a retourné. En mal, en bien, je ne saurais dire. Je me sens à la fois apaisé et vidé de toute énergie.

Tu me manques parfois. Ce soir, plus que d'autres.

03 h 45

Tu dors ?

Impossible, et toi ?

Non plus, j'ai le cerveau qui fait des boucles.
Je t'entends sourire dans la pénombre.

Raconte-moi comment tu vas.

Je sais pas faire ça. Je veux dire, avoir ces conversations banales avec toi. Là, j'ai juste envie de m'installer à l'arrière d'une voiture, de lire pendant des heures et de ne sortir de mes pensées qu'une fois arrivée à destination, sur la rive d'une mer ou d'un océan.

J'ai envie de te conduire là-bas.

J'ai pas envie que le soleil se lève.

Parce qu'on sera des inconnus de nouveau ?

Oui.

Lewis

[Le lendemain]

08 h 15

Le soleil s'est levé, et tu es tout sauf une inconnue.

Elliot

[Deux jours après]

11 h 03

C'est très silencieux par ici.

Pardon, j'ai été un peu dispersée, ces derniers jours.

Voyons-nous ce soir si tu veux ?

Oui, allons-y.

JOURNAL INTIME

[Le lendemain]

13 h 45. *C'est quand les vacances ?*

Chaque fois que Lewis repasse dans mon paysage, tout ce qui n'est pas lui redevient un peu plus fade. Et je crois que ça me rend triste. Et un peu faible, aussi. Et un peu sans défense. Et un peu SEULE. Il y a un désert en moi que personne ne semble pouvoir habiter.

À Lewis

[Le lendemain]

00 h 02

Après des jours, des semaines, des mois de silence, et d'aération dans ma tête, il a suffi de quelques sièges interposés et de quelques messages envoyés un peu trop tard pour sentir la graine s'implanter de nouveau. Une mauvaise herbe qui revient au moindre coup de vent devant mes yeux, dans le sourire, le regard ou les caresses d'un autre, qu'on croit pourtant aimer. C'est beau et c'est triste, ce pouvoir que je nous donne.

C'est beau et c'est triste.

C'est triste.

Je ne sais pas si c'est une bonne idée, mais penses-tu qu'on puisse aller boire un verre ensemble, après-demain ?

JOURNAL INTIME

[Le jour même]

17 h 16. *Je suis là, mais je suis pas vraiment là.*

Je n'ai même pas osé venir écrire ici, tellement je suis sur une pente glissante. Il y a de ces moments dans la vie où hop, on sort de soi, on sent et on sait qu'on va avoir mal, alors on préfère ne pas mettre des mots dessus. Parfois on préfère les flammes, les brûlures, les incendies. Ce n'est même pas tant ce qu'on préfère, plutôt ce qu'on connaît. On essaie de guérir, mais courir nue dans le feu semble tellement plus tentant que le courant routinier de la vie. J'ai mal, mais je me sens vivante. J'ai recroisé Lewis. Et j'ai l'impression que tout implose à l'intérieur de moi. Je ne suis plus en colère. Je ne sais pas comment me protéger de lui, ni même si j'en ai envie. Toute la rigueur que je me suis imposée ces derniers mois et qui me maintenait à flot est en train de se fragiliser. Je ne comprends pas le pouvoir que cette personne a sur moi. Est-ce de l'amour, ou sait-il juste sur quel bouton appuyer en moi ?

À Samia

[Le lendemain]

11 h 56

Je sors de ma séance chez le psy. J'ai beaucoup pleuré. C'est la tornade, ces jours-ci.

À cause de quoi ?

De mon addiction aux émotions fortes, de mon besoin de mettre des pansements à haute intensité affective, et d'à quel point l'effet de ceux-ci s'estompe rapidement quand ils ne sont pas à la hauteur des fantasmes que j'esquisse dans ma tête. On en est arrivés à la conclusion qu'il fallait que je finisse le deuil de ce que j'avais vécu avec Lewis. Que je n'étais pas encore arrivée au bout. Et que si je cherchais des situations à haut potentiel émotionnel, c'est parce qu'à défaut d'être prête à vivre autre chose, j'avais besoin de décharges pour combler ce manque. Ça m'a fait fondre en larmes. J'étais en état d'hypnose tout au long de la séance. Quand il a mentionné le fait de devoir terminer le deuil, de laisser totalement partir, j'ai ouvert les yeux sous le coup de la panique. C'était impossible à accepter.

C'est très important d'avoir ouvert ce sujet, et c'est normal que ça t'ait arraché des larmes. C'est profondément ancré en toi, ça touche à tes fondations les plus anciennes.

Je n'en peux plus de faire le deuil de Lewis.

On parle d'une relation qui a duré 6 ans. La plus importante de ta vie jusqu'à présent. Il faut en faire plusieurs fois le tour avant de pouvoir tourner les talons. Ça va demander un peu de temps mais, tu vas voir, une fois que tu en auras terminé, tout sera plus léger.

J'en ai marre de l'aimer. Je voudrais enterrer cet amour dans une boîte et ne plus jamais l'ouvrir.

Tu vas continuer de l'aimer, mais dans la lumière. Tu vas réussir à créer tellement d'espace autour de lui. Tu n'auras plus besoin de lui. Tu te contenteras de l'aimer. Et tu continueras ta vie, guérie. Fais confiance au processus.

Et si je restais bloquée toute ma vie sur cette blessure ?

C'est impossible. Il y a tellement de choses qui arrivent et qui vont te redonner du souffle.

Désolée pour la rechute.

Tu te souviens, moi, quand je sortais des séances de psy où elle avait mis le doigt sur un vrai truc ? Ça soulève le cœur, vraiment. Ça nous fait perdre pied. Mais tout va s'apaiser, je te le promets. Tu es plus forte que ce que ton cerveau te fait croire.

Je ne comprends pas pourquoi il me fait ressentir des choses aussi fortes des mois après la rupture. C'est sûr que le recroiser n'a pas dû aider. Ça ne m'est jamais arrivé avec personne, et j'ai pourtant 31 ans. J'en ai tellement marre de pleurer pour lui.

Dans ton inconscient, il est assimilé à ta blessure originelle. C'est une cicatrice ouverte. Ce n'est même pas vraiment pour lui que tu pleures.

Aller prendre ce verre avec lui, c'est une mauvaise idée, on est d'accord ?

N'oublie pas à quel point ça te fait du bien de te sevrer. Laisse le temps agir encore un peu. L'absence de contact est importante à ce stade de ta guérison, parce que tu te choisis. Et ça, ça n'a pas de prix. Il n'y a que toi qui peux prendre cette décision, que toi qui peux savoir si c'est le moment ou si tu n'es pas encore prête. N'oublie pas que, même si tu refuses de le voir maintenant, ça ne veut pas dire que ce moment n'arrivera jamais. Mais il faut que tu te sentes en pleine possession de toi-même quand vous vous reverrez.

À Lewis

[Le lendemain]

08 h 15

Pardon, j'avais besoin d'un peu de temps. À réflexion, je ne suis pas sûre que ce soit une bonne idée de se voir aujourd'hui. Je ne pense pas être prête pour les conversations légères, en faisant semblant de rien. J'ai pas encore vraiment réussi à oublier ton sourire timide et tes yeux marron qui donnent l'air d'être heureux. Ta voix un peu trop grave qui dit des choses tout aussi graves. Ta silhouette à contre-jour qui entre dans la chambre. Tes cheveux ébouriffés parce qu'ils viennent d'être brossés. Ton corps endormi et ton visage si doux allongé à côté de moi. Et toutes les blessures que tu m'as laissées. Je n'y suis pas encore arrivée. Je dois sans doute patienter encore un peu. J'imagine qu'avec le temps, ça viendra.

17 h 12

Ce temps-là me fait peur.

C'est trop difficile de te reperdre à chaque silence, à chaque absence, après avoir eu l'impression de pouvoir peut-être te retrouver, même un tout petit peu, même différemment, et de ne jamais vraiment y parvenir en réalité. Parfois, j'imagine qu'on ne se reverra peut-être plus jamais, et ça me terrifie. La vérité, c'est que t'es jamais loin, t'es comme une sonnette dans ma tête, comme un acouphène, tu fais pas énormément de bruit, mais quand tout se calme autour, j'entends encore ce son imperturbable, intrépide. C'est sûrement l'écho d'une époque où tu m'as rendu très heureux. Je ne sais pas si cette sonnerie s'arrêtera un jour, je sais qu'un brouhaha pourra sûrement la faire taire. C'est dur de clore une boucle à laquelle on n'arrive pas à donner de fin.

C’est un adieu que l’on se dit ?

Ou juste un au revoir ?

J’aimerais un « à demain ».

À Samia

[Le lendemain]

09 h 12

J'ai dit non. J'ai sauté dans un train pour le sud pour ne pas revenir sur ma décision.

Regarde-toi grandir, prendre les meilleures décisions pour toi, t'y tenir. Je suis fière de toi.

JOURNAL INTIME

[Le soir même]

13 h 34. *Parfois, je pense aux confessionnaux, dans les églises.*

La colère avait quelque chose de plus confortable. Elle protégeait. Elle durcissait la peau. Elle donnait aux larmes l'acidité de vaincre. De tuer, aussi. Je ne sais pas comment sortir de celle-ci. Je ne sais pas vers où aller. Je suis bloquée dans un couloir où les deux issues sont la COLÈRE et la TRISTESSE. Je faisais des allers-retours incessants mais, la première porte s'est refermée, maintenant que je fuis la seconde. Alors je patiente dans ce couloir éclairé aux néons qui ne s'éteignent jamais.

C'est la porte du pardon que je dois ouvrir maintenant.

CHAPITRE VIII

FINIR LE TRAJET

Elliot

[Deux semaines plus tard]

18 h 16

Comment se passe ton séjour ? Comment te sens-tu ?

Être loin de Paris, danser, rencontrer d'autres personnes, avoir de nouveaux horizons me fait du bien. Je sens encore pas mal de fragilité en moi, mais je suis sur la bonne voie. J'imagine, en tout cas. Je passe beaucoup de temps avec une amie que je n'avais pas vue depuis longtemps, et ça me fait beaucoup de bien en même temps que ça m'inspire. Je crois sentir que j'ai besoin de liberté en ce moment, au sens géographique. J'ai envie de voler d'un endroit à un autre et d'être rafraîchie.

Et toi comment tu te sens ?

(Pardonne mon ralentissement dans les messages, passer du temps loin de mon téléphone m'apaise en ce moment.)

Pas mal, j'ai un peu paniqué suite à la conversation qu'on a eue samedi avant que tu partes, mais j'y ai pas mal réfléchi depuis, et ça m'a permis de changer de regard sur plusieurs choses : la vision que j'ai de nous deux, de toi, mais aussi de moi-même. Il y a quelque chose qui est sur le point de se débloquer en moi, je le sens, c'est imminent.

Qu'est-ce qui a changé depuis samedi ?

J'ai compris que mon manque de confiance allait être néfaste, que j'étais maître de mes décisions et que là, maintenant, c'était le moment de profiter, le moment d'être léger, et non de tout sur-analyser. J'ai compris qu'il ne fallait rien attendre, et que ça allait être beau, que ça dure 3 semaines ou 30 ans.

C'est l'éventualité que tout cela soit éphémère qui t'a fait peur ?

Je ne sais pas bien. Je suis assez doué pour me mettre la pression pour des trucs sur lesquels je n'ai pas de contrôle. Je suis assez dur envers moi-même, parce que j'ai envie de bien faire, et ça me fait perdre en spontanéité. Je veux vraiment changer ce rapport-là.

Je m'endors, parlons de tout ça demain. Je t'embrasse fort.

JOURNAL INTIME

[Le soir même]

18 h 56. *Rue du Simplon, là où rien n'est simple.*

J'aime plus, je crois. J'aime plus aimer. J'aime plus m'oublier pour m'occuper des autres. Je l'ai trop fait et je me suis usée. Jusqu'à en oublier qui j'étais. J'ai trop sauvé, j'ai trop aimé, j'ai trop pansé, pour éviter de me sauver moi-même. C'est un fait, je suis attirée par les personnes habitées par la douleur. Souvent, j'ai l'impression que si j'arrive à les apaiser par mon amour, c'est que je suis digne d'être aimée. Si j'y arrive, ça donne tort à toutes les personnes qui m'ont quittée. Qui m'ont blessée. Qui m'ont abandonnée. Ça donne tort à mon père. Elle est là, ma blessure la plus profonde. Alors, je me disperse. Je ne me concentre pas. Je m'oublie. Je tombe amoureuse, vite. Je choisis des êtres tourmentés pour ne plus avoir à me regarder. Je suis un hôpital vagabond. Et cette pensée-là, elle me sort de ma colère. Elle me sort de mon amour. Elle me laisse en flottement dans un endroit que je ne connais pas. Un endroit vide et tout blanc. J'ai jamais aimé quand il n'y avait pas d'affiches au mur.

Elliot

[Le lendemain]

10 h 15

● ● ●

12 h 45

● ● ●

18 h 56

Je suis désolée d'être moins disponible en ce moment, je n'ai pas été tout à fait honnête hier quand tu me demandais comment je me sentais. En réalité, j'ai pas mal d'angoisses qui resurgissent, et dans ces moments-là, j'ai besoin de m'isoler.

Ça prend du temps d'être guérie, c'est pénible. J'ai encore des blessures au cœur et à l'ego et, parfois, j'ai peur d'en garder trop de cicatrices, alors je panique.

J'ai pas envie d'être abîmée ou d'être éteinte ou trop fermée, faut que je me répare encore un peu.
Mais je ne sais pas bien comment finir le trajet.

Je comprends, c'est totalement normal que tu aies des rechutes, des moments d'hésitation, ne t'en fais pas, on est tous comme ça. Tu as déjà fait la plus grande partie du chemin. Tu sais, quand tu te sépares de quelqu'un, on te dérobe quelque chose. Se reconstruire, c'est se réapproprier ce qu'on t'a pris. C'est effrayant, parce que ça nous met face à nos faiblesses. Mais toi, t'es forte, tu débordes de cette énergie vitale, tu vas y arriver, je n'en ai aucun doute.

Merci de prendre le temps de me dire tout ça.

Lewis
[Trois jours après]

16 h 45

Je pense à toi et j'espère que tu vas bien.

Oui, ça va plutôt bien, toi aussi ?

Moi aussi.

JOURNAL INTIME

[Dix jours après]

14 h 21. *Salle d'attente.*

Mon téléphone vient de sonner. « Papa » s'est affiché sur mon écran. Je n'ai rien pu faire.

Lamine
[Le lendemain]

10 h 23

Comment vas-tu ? Comment se porte ton cœur ?

Écoute, je crois que mon cœur est en train de se vider. La magie s'estompe. Elliot a vraiment tout parfaitement fait pour me faire vibrer, mais ça ne marche pas. Ou plus. Et je ne sais pas bien comment gérer ça. Et toi, comment ça va ?

Parfois, certaines personnes sont sur notre chemin pour une raison précise à un instant T, puis les chemins doivent se séparer, et il semblerait que ça ne soit pas si grave. De mon côté, nous nous sommes séparés avec Noa, ça y est. Et je crois que je tiens le coup.

Je suis rassurée de lire cela. Café, demain ?

Vendu !

À Elliot

[Cinq jours après]

10 h 15

J'espère que tu vas bien, ça fait un petit moment que l'on ne s'est pas écrit. Je suis désolée que tout soit décousu. J'espère que ça ne te rend pas triste. On peut en parler, si tu veux.

Je t'avoue que je ne sais pas trop comment aborder cette situation. Ça a beaucoup occupé mes pensées ces derniers jours, j'ai essayé de comprendre ce qu'il se passait dans ma tête, et ce que je devais te dire. Dis-moi quand tu as un moment pour en discuter.

Je suis désolée. Dimanche ?

Tu n'as pas à l'être, je comprends aussi où tu en es. Parfait pour dimanche.

JOURNAL INTIME

[Deux jours après]

19 h 12. *De retour de la salle de sport, qui sont tous ces figurants ? J'espère au moins qu'ils sont bien payés pour porter tous ces poids. Ceci dit, personne ne paye pour porter le mien.*

Je ne me fuis plus. Je passe de longues journées à la maison. J'écris. Je travaille. Je suis concentrée. Apaisée. J'accepte que je n'aie pas forcément besoin d'être accompagnée. J'ai encore un peu mal, mais c'est une blessure qui prend moins de place. Qui se résorbe. J'ai plus vraiment de place pour quelqu'un d'autre que moi, je crois. Ce n'est qu'une fois que j'aurai fait le tour de moi-même que je pourrai faire de la place pour quelqu'un d'autre. J'ai bien compris que, si je ne prenais pas ce temps, je devrais me ratatiner pour tout faire rentrer. Et j'ai plus envie d'être plus petite que ce que je ne suis.

[Le lendemain]

20 h 12. *Face à mon armoire, un véritable capharnaüm.*

Mon père vient de me rappeler. La même décharge électrique dans le ventre qu'il y a quelques jours en voyant « Papa » apparaître sur mon écran. Il m'est impossible de décrocher. Je tremble. Les murs tremblent. Le lit tremble. La chambre tremble. Les oiseaux qui passent devant la fenêtre tremblent. Je ne sais pas comment faire pour qu'il soit possible que je parle de nouveau.

Elliot
[Le dimanche]

19 h 45

Ça m'a fait du bien de te voir, t'es un soleil.

Moi aussi ça m'a fait du bien, beaucoup. Merci pour ta douceur, ta compréhension et ta bienveillance, tu auras toujours une place particulière dans mon cœur. Merci de m'avoir soutenue comme tu as pu. Ça m'a aidée dans toute ma quête de guérison, et ça continuera à m'aider, je le sais. Merci et pardon de t'avoir infligé certaines de mes inconstances, je me doute que ça n'a pas dû être facile. J'espère ne pas t'avoir trop blessé.

Tu ne m'as pas blessé. J'ai beaucoup appris à tes côtés, même si j'ai un petit goût d'amertume dans la bouche qui passera sûrement, grâce à celui dont on ne doit pas prononcer le nom (le temps).

Elliot

[Trois jours après]

17 h 45

Tu me manques déjà. C'est tout bizarre, j'ai l'impression d'avoir partagé un endroit avec quelqu'un, d'y avoir trouvé mes marques, de m'être habitué à sa présence constante et de me retrouver soudain seul. Mais voilà, je crois bien que, cette fois, nous y sommes. L'appartement est vide. Je ressens pourtant le besoin de t'écrire une dernière fois, bien malgré moi. Je souhaitais que tu saches à quel point notre relation m'a bouleversé, dans mes certitudes comme dans mes sentiments. Après avoir traversé le début de ma trentaine sans aimer, tu es arrivée. Mon cœur s'est remis à battre tellement fort que je peine à retrouver un rythme correct, désormais.

Tu as assisté à ma renaissance en papillon (littéralement) et au retour de mon rire. Je sais que j'aurais fait quelques dégâts si nous avions continué cette relation sans que j'y sois vraiment prête. Je n'aurais pas su faire autrement. Il n'empêche que tu as compté. Beaucoup. Et que tu continues de compter. J'aimerais te serrer contre le grand vide qui me sert de cœur.

Dans une autre vie, je t'aurais dit que c'est ce genre de moment que je redoute le plus, ceux où tu dis au revoir à quelqu'un alors que tu ne lui as même pas dit les choses essentielles.

Pourtant, nombre de tes mots sont inscrits dans le dossier aux choses importantes de mon cerveau. Je ne serai jamais bien loin. Pour dire des choses essentielles ou complètement futiles. Tant qu'on pourra les dire ensemble.

JOURNAL INTIME

[Le soir même]

02 h 12. *Lit.*

Il faut que j'arrête de donner mon cœur à des inconnus. Après, on devient des inconnus avec des souvenirs en commun.

CHAPITRE IX

CONTRE L'OUBLI

JOURNAL INTIME

[Trois semaines après]

17 h 12. *Ça fait longtemps que j'ai pas pris le large, encore plus longtemps que j'ai pas pris le train.*

Nouvel appel de mon père. Moins de décharges dans le ventre. Quasi plus de tremblements. La chambre est stable. Le lit ne bouge plus. Ne restent que l'incompréhension et la sensation tenace d'être démunie, emmurée dans le mutisme, et de n'avoir aucune idée de comment en sortir.

À Maman

[Le lendemain]

09 h 10

Coucou maman, j'espère que tu vas bien. Tu serais disponible bientôt pour que l'on s'appelle ? Je crois que je suis prête à ce que tu me parles un peu plus de la vie de papa.

Je t'appelle ce soir ma chérie. Je suis fière de toi.

JOURNAL INTIME

[Le soir même]

21 h 12. *La main gauche plongée dans un bol de pop-corn au caramel.*

Parfois, on reste dans des marécages pendant des mois, des années. On se noie dans la colère, dans la tristesse, la boue engonce nos pieds et il nous est impossible de nous mouvoir. D'être en vie. On reste figés dans l'humidité, dans l'inconfort, dans le désespoir et, par-dessus tout, on ne comprend pas. On ne comprend pas comment on en est arrivé là, pourquoi ce que l'on ressent semble insurmontable, pourquoi le temps ne passe plus, pourquoi on est comme puni, pourquoi rien ne peut sortir de notre gorge que de la bile tellement ardente qu'elle pourrait faire bouillir tout le marécage. Puis on commence à avoir des réponses. Elles ne règlent pas tout, mais elles allègent la douleur. Elles mettent du baume. Parce qu'on commence à comprendre que, lorsque quelqu'un nous blesse, nous abandonne, nous fait souffrir, cette personne reproduit malgré elle quelque chose dont elle a été victime, et qu'elle n'a jamais pu guérir. Alors on se sent moins dévalorisé. Moins humilié. On commence à retrouver sa mobilité. Un pas, puis un autre. La boue, en séchant, se décolle.

Je sais maintenant ce que mon père a vécu durant son enfance et son adolescence. Cela supprime-t-il mon chagrin ? Je ne crois pas. Cela le dédouane-t-il complètement ? Non plus, dans la mesure où il aurait été de sa responsabilité d'entamer un processus de guérison pour ne pas reproduire certains de ses traumatismes. Cela adoucit-il le constat de souffrances et la rancœur de ces derniers mois ? Ça, oui. Énormément. Parce que je comprends qu'il a fait comme il a pu, pour survivre, d'abord, puis pour tenter de donner aux autres, malgré sa propre histoire. On donne toujours à la hauteur de ce que l'on peut se donner à soi-même.

J'ai pleuré en pensant à lui. J'ai eu envie de serrer dans mes bras l'enfant qu'il a été. Pour lui dire que tout allait s'arranger. Que c'était pas parce qu'on l'avait abandonné qu'il devrait abandonner à son tour. Qu'il allait y arriver, et qu'il n'avait pas encore rencontré toutes les personnes qu'il allait aimer et qui allaient l'aimer dans sa vie.

J'ai envie de le pardonner. Du plus profond de mon être, je sens qu'il est nécessaire que j'y arrive. La porte est déjà ouverte en moi. Reste à savoir comment y parvenir. Et je ne parle pas d'un pardon superficiel. Je parle d'un pardon comme je n'en ai peut-être jamais accordé auparavant.

Pardonner, c'est donner une part de soi. Ça vient de la langue des oiseaux : PART DONNER.

À Samia

[Une semaine après]

11 h 16

Je me demande si la thérapie me convient toujours, si les séances n'alourdissent pas mon quotidien à force de tout remuer sans cesse, alors que je commence à entrer dans une nouvelle période de ma vie, plus sereine, plus apaisée. Je me demande si ça vaut le coup de continuer. Je me sens un peu emprisonnée dans le passé, et je me dis qu'il est peut-être temps que je change de praticien, que je me tourne vers quelque chose de plus spirituel et connecté à mon cœur, peut-être, que je sorte de la pure analyse. Je me suis aussi rendu compte du rapport de force qui s'est instauré avec mon psy, dans le sens où j'ai peur de lui dire que j'ai envie d'arrêter, et que son avis compte beaucoup pour moi. Je ne sais pas si c'est très sain. Je voudrais retrouver la maîtrise et l'indépendance de mes pensées. Aussi, maintenant que ça va mieux, j'ai besoin d'un autre reflet que son regard, qui me renverra toujours à ce moment-là de ma vie.

Ça peut être une super idée de changer d'approche. De ne pas être seulement dans la parole qui vient tout remuer. Qui décortique tout, tout le temps. Tu gagnerais à te reconnecter à quelque chose de plus apaisé et de plus grand, j'en suis convaincue. Je pense également que cette dépendance n'est pas très saine, et que c'est surtout toi qui sais ce qui est le mieux pour toi, à ce stade de ta vie. Il faut que tu te fasses confiance et que tu suives ton intuition. Ton parcours de guérison ne s'arrête pas là, tu vas aller chercher d'autres réponses. D'autres regards. D'autres approches. Et c'est magnifique. Quel chemin parcouru ! Tu t'en rends compte ?

Depuis ce matin, oui.

Maman
[Le lendemain]

11 h 12

Comment tu te sens ma chérie ?

Ça va, il y a plein de choses qui sont sur le point de se débloquer en moi, je le sens profondément, comme si j'arrivais à la fin d'un parcours, ou au début d'un nouveau.

As-tu réussi à appeler ton père ?

Non, ça, en revanche, je n'y arrive vraiment pas.

Peut-être que tu ne penses pas au bon moyen de communication.

C'est-à-dire ?

Rappelle-toi : tu as toujours su mieux écrire que parler.

JOURNAL INTIME

[Une semaine après]

16 h 15. *Face à la mer Méditerranée.*

J'ai commencé à écrire à mon père. Je ne sais pas bien ce que je vais faire de cette longue lettre, mais la simple idée de prendre la plume allège mon cœur. Je la nourris un peu chaque jour, quand j'ai le temps. Peut-être qu'un jour, je serai prête à l'envoyer.

Je pense à Lewis en ce moment. Mais d'une manière différente. Apaisée. Il occupe une petite place dans ma tête, mais celle-ci est entourée de beaucoup d'espace, d'air, de vent. Dans ce nouvel endroit nommé Lewis, on peut respirer désormais. On peut sentir gonfler ses poumons. On n'y meurt plus.

Lewis

[Deux semaines après]

21 h 12

J'écoute la pluie tomber. Une pluie discrète, faisant à peine bruire les feuilles des arbres. Une pluie qui rafraîchit sans pour autant sauver la nature presque déjà morte. Puis je pense à toi et j'espère un de tes messages amicaux mais convenus, un de ceux qui ne disent rien, qui demandent des nouvelles, un de ceux écrits pour rafraîchir notre mémoire sans l'abreuver de nouveaux souvenirs, un de ceux qui font de nous des êtres sensés et courtois qui après s'être consumés ne s'incendient pas, un de ceux qui ont sur moi l'effet d'une pluie d'été.

JOURNAL INTIME

[Le lendemain]
19 h 19. *Paris.*

C'est comme si toute ma vie j'avais joué à la marelle et que désormais je devais jouer à 1, 2, 3, soleil. J'ai beau me répéter les nouvelles règles, mon corps ne peut s'empêcher de sauter sur un seul pied de case en case. Il faut l'entraîner, pour que le mécanisme s'imprègne. Et même quand il parvient enfin à s'infuser, il faut lui faire des piqûres de rappel pour ne pas qu'il oublie. Comme une leçon à devoir apprendre à l'infini, une punition à écrire, ligne après ligne, sur des milliers de feuilles, sans jamais en voir la fin. Je me demande si, avec Lewis, nous arriverons un jour à sortir de ce rapport romantique qui est le seul que l'on connaisse. Si nous arriverons à nous écrire simplement. Sans ambiguïté. À nous croiser sans que ça nous retourne le cœur. Sans chercher dans le regard de l'autre une quelconque validation. Un souvenir qui viendrait tout bouleverser. Je ne sais pas comment écrire cette nouvelle narration avec lui, comment lui donner une place saine dans ma vie, qui ne soit pas d'ordre amoureux. Personne ne nous enseigne jamais cela. Je ne sais pas, d'ailleurs, si je veux vraiment qu'il ait une place, mais j'ai l'impression que l'inverse est inconcevable. À quoi sont donc voués les êtres qui ont traversé notre vie amoureuse, s'ils ne deviennent pas des fantômes ? Que manque-t-il pour qu'ils soient là sans l'être vraiment ? Pour que leur présence soit possible sans occuper toute la place ?

Je pense sincèrement que l'acte final de guérison doit passer par une communication directe avec lui. Et peut-être que le moment est venu.

C'était ma dernière séance chez le psy, hier. Ou plutôt mon avant-dernière. Il a très bien pris l'arrêt de ma thérapie et m'a dit que j'étais prête. Que j'avais les outils désormais. Il a juste exigé une chose : que je réfléchisse à la notion de pardon, et que nous nous revoyions une dernière fois dans un mois, pour que je lui dise ce que j'en ai tiré.

Depuis, toutes les nuits, je ne rêve que de ça : pardonner.

À Lewis

[Deux semaines après]

20 h 02

Le temps fait ce qu'il a à faire : il met du coton sur tout ça, il dépose délicatement de la douceur sur ces blessures brûlantes, et la douleur s'estompe, lentement, prudemment, comme pour ne pas donner de fausse joie (à guérir trop vite, on pourrait rechuter tout aussi brutalement). La vie est toujours là, elle danse en moi, m'anime chaque jour qui passe et me porte sur mon chemin. Celui sur lequel je dois marcher. Sans toi. C'est ainsi. Et il semblerait que ce ne soit finalement pas si grave. La tristesse, ce serait mentir de dire qu'elle n'est plus là. Mais elle se transforme. Elle est plus supportable. Elle ne m'empêche plus de respirer. Elle est toujours là, mais je suis prête à la laisser partir. Elle est liée à ton souvenir. Et ton souvenir, lui, ne me quittera pas de sitôt, je le sais.

22 h 15

Je suis là, à 50 mètres de chez toi, mais un vide nous sépare. Parfois, je me demande qui tu es aujourd'hui, ce que tu fais, ce à quoi tu rêves, j'essaie d'imaginer la femme que tu es devenue depuis notre rupture. Les choses évoluent à une vitesse folle, mais je nous revois encore dans cette rue, à deux pâtés de maisons de là où j'écris ces mots, comme si seulement quelques jours s'étaient écoulés. Une éternité. Je nous revois rentrer chez toi, enivrés, pleins d'amour et d'espoir, à traîner sur l'asphalte en refaisant le monde et à rire de celui-ci, main dans la main. Je nous revois aussi beaucoup moins heureux, à nous déchirer jusqu'aux larmes et à nous demander pourquoi nous entretenions ce lien qui nous dévastait par moments. Je nous revois amis, avant tout ça, à rire pour un rien, à nous confier l'un à l'autre sans la moindre gêne. Je nous revois nous, nos corps dans l'eau froide un matin de printemps, nous rapprocher inlassablement pour ne faire plus qu'un. J'ai aimé chacun de ces moments, j'ai aimé chacune des petites choses qui ont construit notre histoire, aussi imparfaite soit-elle. J'aurais aimé que celle-ci se finisse différemment, j'aurais préféré qu'il soit plus facile de se remémorer les bons souvenirs, j'aurais préféré te laisser une meilleure image de nous. J'aurais aimé que tu saches tout ça. J'aurais aimé que tu me pardonnes. Sur notre route, il y a eu mille coïncidences, mille aventures et mille forces à l'œuvre. Souvent, elles nous ont séparés ; parfois, elles nous ont amenés à nous retrouver. Et, aujourd'hui, sur ma route, il y a mille espoirs que ces adverbes s'inversent. Mille espoirs que nous guérissions totalement pour avoir une place dans la vie l'un de l'autre.

01 h 16

Si tu le veux bien, je crois que je suis enfin prête à ce que l'on se revoie. J'ai besoin de clore notre histoire pour qu'elle ne me hante plus. Pour qu'elle repose en paix. Pour l'honorer. Et je crois sincèrement que cela ne se réalisera pas si l'on n'est pas capables de s'asseoir l'un en face de l'autre pour discuter de tout cela. J'ai beaucoup de choses à te dire. Non pas pour raviver ce que l'on a tant peiné à enterrer. Mais pour être en paix. L'un avec l'autre, et avec nous-mêmes.

Demain ?

Demain.

JOURNAL INTIME

[Le soir même]

20 h 12. *Je viens d'apprendre que la bougie tire son nom de la petite ville algérienne du même nom (Bugāya, en arabe).*

Je suis prête. Cet après-midi, en me baladant, je me suis arrêtée dans une petite échoppe où j'ai acheté deux très grandes bougies. Quand on n'arrive pas à faire quelque chose, on m'a appris qu'il fallait réintégrer un peu de magie et de symbolisme. Alors, j'essaie. Quand elles auront fini de se consumer, l'une chez lui, l'autre chez moi, puisque nos maisons sont désormais ainsi, cela signifiera que nous sommes prêts à nous laisser partir et à nous pardonner. On a le temps d'une bougie pour y arriver.

À Lewis

[Le lendemain]

09 h 15

J'ai fait des détours sur le chemin du retour, pour éviter que ce moment prenne fin trop vite. J'ai tout de suite allumé notre bougie, que j'ai laissée se consumer toute la nuit et, juste avant de m'endormir, j'ai longuement médité sur le pardon et l'amour (c'est ce qu'il y a à l'intérieur de moi pour toi). Je me sens apaisée et prête à te laisser vraiment partir. La nuit n'a pas suffi à consumer entièrement la bougie. C'est sûrement que tu es toujours un peu là. Ça ne devrait plus tarder. Je suis heureuse d'avoir pu partager avec toi ce qu'il s'est passé pour moi cette année, ça m'a fait me rendre compte du chemin parcouru. J'avais aussi envie de te présenter la nouvelle personne que je suis devenue. Te parler sans filtre, malgré tout ce qu'il s'est passé entre nous, a été plus que libérateur. C'était peut-être l'acte final de guérison, après tout ? Et, encore une fois, je voulais te rappeler que tu n'es pas responsable de toutes les tempêtes que j'ai traversées. Tu étais le maillon d'une chaîne destinée à se disloquer à un moment ou à un autre.

Ça m'a fait du bien de retrouver le Lewis que je connaissais, de revoir tout ce que j'aimais chez toi : tes mimiques, tes expressions, les mouvements délicats de tes mains, ton regard, surtout. Ça serre mon cœur, mais ça ne le brise plus. Je suis simplement contente que tu existes toujours. Il y a quelques mois, j'écrivais que nous ne pouvions pas rester en vie tous les deux, et je suis heureuse d'avoir eu tort.

J'aurais aimé boire toutes tes larmes, que tu remplisses des verres entiers pour étancher toutes mes soifs mais, à la place, je reste un peu loin, et je souris, et je te vois partir, et j'archive tout ça dans la boîte des choses qui me font tenir en vie, et je suis en paix.

Lewis

[Le lendemain]

21 h 45

Ces dernières heures ont été mi-figue mi-raisin, entre le sentiment d'apaisement et celui, admiratif, de voir le chemin que tu as parcouru et la nouvelle femme magnifique que tu es devenue. De voir que tu as survécu et, qu'au-delà de la survie, tu as su te reconstruire et avancer. Je n'ai jamais douté de ton intelligence, encore moins de ton intelligence émotionnelle, et de voir que tout ça t'a permis de grandir me rend très fier. Je pense que c'était nécessaire de me confronter à tout ça, à ce que tu as vécu, même si je savais plus ou moins ce que tu traversais, je pense que j'avais besoin de le constater de mes propres yeux. Ce que j'ai vu m'a accablé, mais cela m'a aussi mis face à mes responsabilités. Je n'ai pas pu aller travailler cette semaine, j'avais besoin d'être entouré de gens que j'aime, j'étais trop à fleur de peau, mais, cette fois, avec une envie nouvelle, celle d'évoluer. J'ai eu peur que tu m'en veuilles toute ta vie, que je devienne une figure terrifiante à tes yeux. Je n'ai jamais rencontré une personne aussi pure que toi, tu es l'incarnation de l'existence sans faux-semblants. Tu es tout l'inverse de la personne que j'ai pu être depuis la fin de notre histoire. Ta sensibilité sublime la bonté de cœur dont tu fais preuve. Tes émotions sont tes meilleures armes, et je suis tellement fier de te voir t'épanouir dans une voie de partage et d'humanité. Mon estime et le respect que je te porte sont à l'exact opposé de l'estime et du respect que je me suis porté ces derniers mois. Te voir et te parler m'a permis de retrouver une maison que je pensais écroulée pour de bon. Malgré la ruine engendrée, je t'ai reconnue, j'ai reconnu tout ce que j'ai aimé chez toi et tout ce que j'aimerai toute ma vie.

JOURNAL INTIME

22 h 12. *Apaisée ?*

La vie est aussi belle que terrifiante. Aussi surprenante que, parfois, parfaitement ennuyeuse. J'ai revu Lewis et je ne suis pas morte. Je craignais tant ce couperet qui allait tomber en recroisant son regard pour la première fois après tant d'absence, ce couperet qui allait mesurer le niveau de ma guérison. Finalement, je ne suis pas arrivée au bout, mais je suis bien avancée sur ce chemin. Quelque chose me touchera toujours profondément chez lui, c'est indéniable. Mais je sais aujourd'hui que je ne pourrai plus en mourir. Que cette menace est désormais derrière, et qu'elle n'a plus besoin de se nourrir de moi. Je ne suis plus une proie.

J'ai compris quelque chose de très important : Lewis a catalysé toute ma tristesse et ma colère, mais il n'en était pas l'unique responsable. Il est surtout venu appuyer sur des blessures préexistantes, sur lesquelles il n'avait aucune prise. En prendre conscience m'extirpe d'une position victimaire, et cela me soulage et me redonne une capacité d'action.

J'ai revu Lewis et je ne suis pas morte. Et j'ai le pouvoir de me maintenir en vie. Et je ne ressens même pas le besoin de répondre à son dernier message. J'ai enfin envie que ce soit derrière moi.

Lewis

[Trois jours après]

12 h 45

Ce qu'on a réussi à faire en se parlant de la sorte me rend vraiment très fier, j'y ai beaucoup repensé ces derniers jours. C'est important d'arriver à être dans un autre rapport tous les deux, pour notre santé mentale et pour le futur. Je suis toujours très à fleur de peau depuis, tout ça m'a beaucoup remué et me remue encore aujourd'hui. Quand je vois le chemin que tu as parcouru et ce que tu as entrepris, je me rends compte que j'en suis encore loin. Puis, il y a la bougie que tu m'as offerte qui ne veut pas se consumer, j'ai beau la laisser allumée des nuits entières, elle n'en est qu'à la moitié.

JOURNAL INTIME

[Le lendemain]

20 h 20. *Dans un lieu mental fait d'apaisement.*

J'ai attendu ce moment tellement fort depuis des mois. Ce moment où Lewis se rendrait compte qu'il n'a pas pris le bon chemin à la suite de notre rupture. J'avais l'impression que ce serait la seule chose qui pourrait m'apaiser. Comme si toute ma guérison ne reposait que sur son constat d'échec, comme si nous étions tous les deux en compétition de qui se remettra le plus vite et de qui prendra les meilleures décisions. Mais ce n'est pas du tout ce à quoi je m'attendais. Ce n'est pas ça qui me soulage, ni même qui me donne un sentiment de réussite. Je ne suis pas heureuse de le voir si tourmenté à propos de son propre parcours, je n'en tire aucun plaisir. Je crois sincèrement que je suis arrivée au stade où j'ai SIMPLEMENT et PROFONDÉMENT envie qu'il soit heureux, et c'est peut-être cela, la preuve irréfutable de ma guérison.

À Lewis
[Le lendemain]

22 h 12

La mienne vient de s'éteindre.

Lewis

[Dix jours après]

07 h 45

La fin de la mienne approche. Depuis qu'on s'est revus, des sentiments et des souvenirs que j'avais enfouis sont remontés à la surface. Lundi, je pars faire une grande randonnée, et ce matin, en me réveillant, je me suis rappelé ce que j'avais ressenti la première fois que j'étais parti marcher seul, et que je t'ai parlé au téléphone, après plusieurs jours de silence. Pourtant, à l'époque, on s'écrivait du matin au soir. Ça m'a fait pleurer. Mais j'essaie d'avancer. De me concentrer. J'entame un nouveau projet, loin de Paris. J'ai l'impression pour la première fois de poser les fondations d'une vie que j'ai toujours désirée, et je suis autant excité que terrifié. Je ne sais pas si je serai un jour heureux mais, du moins, j'essaie ! J'espère que toi ça va, et que tu sais que, même si cette bougie n'est plus, l'amour et l'admiration que je te porte, eux, ne se consumeront jamais.

13 h 12

J'ai encore des petites vagues qui assaillent mon cœur. Je dois me concentrer sur ma respiration pour calmer ses battements. C'est comme ouvrir une brèche qui appartient à un autre temps. On en revient et il faut se rappeler où l'on vit maintenant.

JOURNAL INTIME

[Le lendemain]

11 h 15. *La météo est clémente.*

Ce matin, j'écoutais la radio et j'ai entendu le philosophe Olivier Abel dire ceci : « Le pardon est une réinterprétation du passé que je fais avec l'autre, contre l'oubli. Je dirais presque qu'il s'agit d'un travail d'hospitalité à la mémoire de l'autre : en demandant pardon, je demande l'hospitalité dans la mémoire de l'autre, et j'accorde l'hospitalité à la mémoire de l'autre ». J'en ai pleuré. Mes larmes venaient d'un puits très profond.

Je crois sincèrement et de plus en plus que, contrairement à ce que j'ai toujours pensé, le pardon est une manière de laisser partir, et non pas de s'accrocher. Et je ne parle pas d'un pardon d'usure, qui arrive avec le temps, parce qu'on oublie, ou que les sensations s'effacent ; je parle d'un pardon sans réserve, que l'on aurait décidé, acté, et pour lequel on s'engage véritablement.

Pardonner, c'est tourner la page, c'est se libérer, c'est rompre le pacte qui nous lie à la douleur. Ce n'est pas une faiblesse. Ce n'est pas oublier. Ce n'est pas tout accepter. C'est reprendre la part de soi que l'on a donnée et l'exorciser de toute la souffrance.

À Lamine

[Deux jours après]

17 h 56

Tu sais, tu m'as fait tellement de bien. Je voulais te l'écrire. Tu as été un petit ange gardien dans ma vie, que l'univers m'a envoyé au moment où j'en avais le plus besoin, j'en suis convaincue. Et je souris, car je sais que toi, tu ne crois pas à ce genre de choses.

Si, j'y crois, grâce à toi. J'ai exactement le même souvenir de nos moments ensemble. J'y repense. Et ça m'a sauvé.

JOURNAL INTIME

[Le lendemain]

18 h 18. *Au centre de moi-même.*

Aujourd'hui, j'ai fait une cérémonie pour me demander pardon à moi-même. Pour ce que je n'aurais pas dû accepter, pour ce que j'ai laissé se dérouler de manière néfaste sans poser les limites nécessaires à mon bien-être. Pour avoir parfois alimenté moi-même mes propres souffrances, mes propres fantômes. Pour avoir d'autres fois pris de mauvaises décisions. Pour m'être laissé guider par des insécurités de cœur et de ventre, plus que par la raison de mon cerveau. J'ai reconnu les schémas et mécanismes que je n'ai pas encore réussi à briser et qui me font parfois prendre les mauvais chemins, me retardent, me font souffrir, et m'enferment dans les mêmes boucles où je répète inlassablement, et bien malgré moi, les mêmes erreurs. Je les ai reconnus et je ne me suis pas jugée. Je les ai observés avec indulgence. Je sais d'où ils viennent. J'ai eu de la compassion pour moi-même, j'ai eu envie de me prendre dans mes bras, et j'ai compris que se pardonner était une forme d'apprentissage, qu'il faut s'armer de patience et de temps. Je me suis observée et j'ai pardonné en moi l'enfant, l'adolescente et l'adulte. Je me suis réconciliée avec toutes les versions de moi-même. Chacune a quelque chose à dire, à crier et, se pardonner, c'est écouter la cacophonie dans ce chaos et accepter qu'on ne comprenne pas tout, mais qu'on va tout faire pour avancer toutes les trois, main dans la main, et apaiser nos plaies sans nous juger.

J'ai repensé à l'année qui vient de s'écouler, aux risques pris, aux ailes brûlées, aux limites pas toujours écoutées, et je n'ai plus ressenti de colère envers moi-même ; je devais passer par là pour comprendre ce qu'est l'amour, le don de soi, les limites de mon territoire intérieur dont je commence seulement l'exploration.

Si je suis capable de pardonner aujourd'hui aux autres, je dois le faire avant tout envers moi-même.

Je me suis demandé pardon, et ma voix a résonné dans l'univers.

À Maman

14 h 56

Je suis prête, ça y est.

J'ai toujours su que j'avais mis au monde une guerrière des émotions qui viendrait soigner sa lignée. Je t'aime.

À Lewis

[Trois semaines après]

19 h 45

Je te pardonne. Et, désormais, nous sommes libres. J'espère que tu sauras en faire de même. Envers moi, et envers toi-même. Cette course vers la liberté, cette envolée, je suis prête. J'avais déjà commencé, mais je ne le savais pas. J'étais déjà partie. Sans m'en rendre compte. Et, aujourd'hui, je me retourne pour la première fois. Je vois le chemin que j'ai parcouru. J'ai suivi mon instinct, ma force, ma foi, ma colère, mes failles, aussi. J'ai suivi mon cœur, même s'il me ramenait parfois près du tien. Je comprends maintenant que ce n'est pas là qu'il doit être. C'est drôle, j'ai toujours cru qu'il t'appartenait. Mais, quand on y regarde bien, ça veut dire qu'il tient à part. Il se tient à côté. Il est déjà parti. Et je l'ai suivi. Ça m'a pris un certain temps pour accepter ton départ, mais je suis enfin plus reconnaissante de t'avoir connu que triste de t'avoir perdu.

21 h 56

La triste joie que je ressens ne me fait plus peur, je suis devenu un adulte désormais et c'est grâce à tout ce que l'on a vécu ensemble. Je me sens tellement chanceux de t'avoir dans ma vie, car tu es la personne la plus singulière que j'ai eu la chance de rencontrer. Je t'ai pardonné depuis longtemps. Me pardonner moi-même, c'est une autre histoire. Mais je vais essayer. Grâce à toi. Merci pour cette vie et merci d'avance pour toutes celles d'après. Je sais maintenant comment commencer quelque chose de nouveau avec ce toi à l'intérieur de moi.

À Papa

[Le lendemain]

18 h 15

Coucou papa,

J'imagine que tu vas être surpris en recevant cet e-mail que tu n'attendais peut-être plus vraiment. Je sais que le silence a été long. Je ne me pensais pas capable de le maintenir si longtemps, d'ailleurs. J'ai vécu la pire année et demie de ma vie, et j'ai dû me couper de beaucoup de choses pour tenter d'aller chercher les réponses dont j'avais besoin. Ma rupture avec Lewis a été un élément déclencheur de ma noyade, qui a été lente et douloureuse. Mais j'ai survécu ! Et j'en suis heureuse et fière, aujourd'hui. Cette rupture est venue réveiller des plaies d'enfance que je ne pensais pas importantes. C'est comme si toutes les blessures de ma vie, même celles que j'avais mises sous le tapis, avaient été réactivées. Et, pour la première fois, je n'ai pas pu mettre de simples pansements dessus. J'ai dû, pour survivre, les combattre en profondeur. Et ça n'a pas été une partie de plaisir. Je crois, malheureusement, que je garde de notre relation une blessure d'abandon, de manque d'amour, de petite fille qui a longtemps cru ne pas être à la hauteur pour être digne d'être aimée et importante pour son père. Et cette blessure, j'ai essayé d'aller la combler en cherchant l'amour et la validation des garçons. Quand nous avons rompu avec Lewis, j'ai dû rompre avec toi pour guérir et pour me reconstruire. Je lutte toujours contre une certaine dépendance affective, mais je sais qu'une grande partie du travail a été entamée. Et je n'ai plus jamais envie de vouloir mourir par chagrin d'amour, car la petite fille en moi souffre de ne pas avoir été suffisamment aimée par son père.

Tu m'avais dit, un jour, quand j'étais plus jeune, que c'était fou, car j'avais toujours su comprendre les gens, au lieu de leur en vouloir, alors que toi, tu avais passé 40 ans de ta vie en colère. Je crois en réalité que je n'ai jamais pris le temps d'être en colère, car j'avais honte de cette émotion.

J'ai enfin pris ce temps, et oui, j'ai été en colère contre toi. Pour la première fois de ma vie.

Je ne t'en veux pas, car je sais désormais ce que tu as traversé. Et je n'ai jamais cessé d'avoir de l'empathie pour toi. On fait tous avec les armes que l'on a, le mieux qu'on peut. Si l'on ne prend pas le temps de soigner ses blessures profondes, on les inflige à d'autres. J'espère rompre cette chaîne aujourd'hui.

Je ne veux pas d'une vie sans toi. Je ne sais pas trop encore comment on pourrait faire partie de la vie l'un de l'autre, mais je suis sûre qu'on peut trouver.

Je t'aime.

JOURNAL INTIME

[Le lendemain]

Il faut brûler tout ce qui ne va pas dans le sens de l'amour.

REMERCIEMENTS

Ce livre a été composé de messages personnels, mais aussi de messages que j'ai reçus ces six dernières années sur Amours solitaires, un projet d'archivage de messages intimes à grande échelle et qui réunit aujourd'hui plus de 800 000 personnes sur Instagram. Il n'aurait donc pas pu voir le jour sans tous ces contributeurs qui y ont participé, au départ, sans le savoir. Je tiens donc à remercier du plus profond de mon cœur ces auteurs de la vie réelle, qui, par le don de leur intimité brute, m'ont aidée à tisser des histoires uniques, à la limite entre la fiction et la réalité. Fiction, car cette histoire émane de mon imagination, réalité, car elle est construite à partir de vrais échanges. Les passages de journaux intimes, quant à eux, sont le fruit d'une véritable fiction (bien que certaines pages soient extraites de mes journaux de ces dernières années, mais je préfère ne pas trop le dire, au risque de me sentir trop dévoilée).

Longue vie à nos intimités qui résonnent toutes entre elles.

Ouvrage publié sous la direction d'Aurélie Starckmann
Direction éditoriale : Caroline Terral
Révision des textes : Mathilde Obergfell
Couverture et conception graphique : Laure Faucon
Mise en page : Nicolas Chevalier (Studiolivre)
Illustration de couverture : Sophie Dherbecourt
Logo Amours solitaires : Alice Gavin

ISBN : 978-2-226-49956-1
N° d'édition : 26200 /01
Achevé d'imprimer en mars 2025
par Normandie Roto Impression s.a.s.
N° d'impression : 2404975
Dépôt légal : avril 2025
Imprimé en France